管理的常识

商业生态系统运行的底层逻辑

朱恒源 著

浙江大学出版社

前　言

本书缘于我从 2014 年开始开设的基础课"商学导论",当时清华大学经济管理学院要求我给本科二年级非经管学科的学生上一门与商业和管理相关的基础通识课。

接到授课任务的时候,我的内心是忐忑的。一方面,我认同给广大非商科学生开一门商业 ABC 基础课意义非凡。这倒不是希望有更多的人将来能转到经管相关科系——像很多同学自己所期待的那样;相反,我在经济管理学院从事教育工作 20 余年,我一直觉得让完全没有商业运作经验的学生挑选经济或者管理这样的学科作为自己本科学习的专业,对其成长帮助甚微。近些年,每当有亲友的孩子在高考填报志愿的时候来问,我总是建议他们,除非有强烈的兴趣和明确的志向,否则不要选金融、管理等当今热门的商科专业,我建议他们报考社会学、历史学、物理学、艺术学等更基础的学科。理由很简单,本科阶段,尤其在像清华大学这样的综合性大学进行本科阶段的学习,主要有两个目的:一方面是要建立自己观己、观人、观世界的基本认知框架,并在这一过程中逐渐发现自己的兴趣、发展自己的志向;另一方面是通过系统学习某一专业学科的知识体系,发展自己学习的能力——毕竟在现在的社会,知识更新的速度太快。自古有云,"吾生也有涯,而知也无涯",更何况我们又处在专业和学科剧变的时代,这一代年轻人,无论他们大学本科选择什么专业,无论他们在学校期间涉猎多么广博,在他们未来的工作生活中,也都需要进入全新的领域学习全新的知识。因此,学会学习——这里指的是,学会通过借鉴别人(老师、同学、社会中的其他人)的知识,建立自己的认知框架——成为他们将来的关键本领,即使是人类将来进入智能社会,也将如此,并尤将如此。像物理学或者社会学这种基础学科门类,知识框架更加系统,也在长期的学科历史演进中经历检验,可以提供看待外部世界的基础视角,对本科学生这一阶段智识发展的需求,相较一些与社会上的职业结合更紧的专业学科(如经济、管理),更具基础性。

但这并不意味着学生本科阶段不可以涉猎经济与管理课程,相反,我会鼓励进入清华大学的同学在适应大学生活以后,选修一门经济或管理的基础入门课。这类学科因为与现实社会结合得比较紧密,往往让同学可以在校园里建立与现实社会在认知上的连接。同时,这些学科已经发展出了观察和认知现实社会的独特视角、基本理论或认知框架,尽管还未达到科学意义上的完备或精确,但这些学科也有助于人们认识和理解社会运行的复杂性。在大学期间，在老师的指导下，在同学的伴随下，尝试认识和理解复杂的社会现象，对走上社会的青年人来说——无论他们从事什么职业，哪怕是自由职业——都很有帮助。正是基于这样的认识，当经济管理学院安排我承担本科生"商学导论"课程的教学任务时，我略有犹豫，但仍然勉力应承下来。

我的犹豫主要来自教育对象的差别。我在清华大学经济管理学院过去的教学经验，主要来自教授 MBA、EMBA 课程等。这些课程的教学对象大多有工作经验，对商业社会的运行有亲身经历，他们重返校园学习时既带着自己的体验，又带着自己的疑惑。面对这些有所感而就学的学生，令我感到得心应手的是所谓的问题导向教学方法：围绕一个知识点，去找一个可能困惑决策者的商业问题，通过课堂讨论和思辨，让学生自主地去寻找答案。在这个过程中，知识不是教学的重点，而是帮助学生思考的工具，学生不了解就去自主学习，学完了再到课堂上用。这套方法对本科同学，尤其是本科低年级的同学行不通。他们不仅没有商业运营的经验，而且在现有高考制度下升入大学，大部分同学相对而言缺少社会知识，对于商业这样一个复杂的社会系统了解甚少。更加麻烦的是，在如今的碎片化阅读时代，他们对商业或者管理的认知，大部分来自媒体或者自媒体的报道，其中有的对商业进行了敷浅的成功学式的"装裱"，有的甚至曲解了商业。这门课需要让学生把商业作为社会运行的一种机制，关注其知识体系的内在逻辑，可已有的商科经典论文和著作,都主要来自市场经济发达国家的商业实践,这一代的中国学生理解起来又稍有困难。给本科生开一门商业方面的基础通识课,就需要把基础的概念、基础的理论与学生日常生活中的所见所闻(但并非所思所感)相结合,并让学生学有所获,这于我实非易事。可以想见:照本宣科式的灌输,即使内容来自经典的教材,即使讲得如脱口秀一般精彩,也很难启发学生思考,更难以让学生在听过了热闹之后,获得智识上的进步;结合实际决策的经典案例,在MBA课堂上可能引发热烈的讨论甚至争辩,在本科生课堂上却有可能因为学生没有实际的体验,很难产生代入感。在接受授课任务之后、正式开课之前,我开了几场小型座谈会,甚至精心准备了一节样课,邀请一些同学志愿者试听。从他们课堂上的表情中,我感受到了,这是"老革命"遇到了"新问题",我要集中精神,小心应付才行。

结合师长和同学们的意见,我最后在进行课程设计的时候,采取了一些不同以往的方式。第一,仔细选择教材,最后我们选择了哈佛商学院三位正当年的大学者——兰杰·古拉蒂、安东尼·J.梅奥和尼汀·诺里亚联手编写的通识教材《管理学》。针对这本书,无论是英文原版还是杨斌教授领衔翻译的中文版,都是不错的选择。总之,要以阅读不成负担且有愉悦体验为原则,毕竟学生是跨专业选课,太晦涩难懂的话,学生会放弃阅读。第二,尽量结合学生熟悉的情境精选、重编或开发一些案例。这些案例一方面要大多发生在学生感兴趣的领域,如体育赛事组织或学生职业生涯早期职业选择等,务求在课堂上稍加背景引入,就能使学生有代入感,以激发他们的讨论。另一方面要精干,字数不超过3000字,且一个案例只针对一个管理学问题。第三,在教材和案例之外,对商业社会的基本概念体系,以讲课的方式进行简单梳理。两轮授课下来,这样的授课形式和内容受到了学生的欢迎。

2015年,在学校教务部门和学堂在线平台的支持下,我对课程进行了进一步的升级,将课堂讲授部分制作成慕课的形式,方便学生灵活学习,腾出课堂的时间,使讨论更深入、更有针对性。根据学校的安排,在学堂在线平台上的慕课不仅仅供校内选课学生学习,也向全社会开放。在学校的支持下,这门课还在2019年入选"国家精品在线开放课程"。

这本书就是在慕课讲稿基础上整理的,我们的目标是,提供一本商学与管理学基础知识的"口袋书"。这次整理主要是对课程中过于口语化的表达进行了修正,规范了用词,同时更新了少量案例。尽管已经尽量书面化,但行文难免仍存课堂"说教"的痕迹,请读者见谅。

本书付梓之际,我要感谢在我之前教授"商学导论"的杨斌教授。作为教学名师,他从2013年开始就为本科生讲授这门课程,其讲授内容深受学生欢迎,这给后来接手这门课程的我树立了标杆,也带来了压力。在交接之际,他把这门课的全部材料毫无保留地转送给我,让我在设计讲授这门课程时有了良好的基础。感谢时任学堂在线董事长的聂风华老师,是他的鼓励、督促和支持,让我下决心把讲授部分制作成慕课。感谢学校在线教育处的汪潇潇老师和师雪霖老师、学堂在线总裁王帅国和他的团队,他们为这门课的线上化不惜投入,不吝支援。感谢王荣生先生,他是在线教学的技术专家,慕课的拍摄制作因为有他的导演,才能顺利完成。感谢浙江大学出版社的编辑顾翔女士,督促我们把慕课内容整理成书。感谢侯常女女士帮助修改校对书稿。没有你们,就没有这本书。

书中可能存在的错误和不足,请读者批评指正。

朱恒源

2020 年 12 月 12 日于清华园

目 录

001　导语　商业、管理与领导力

001　本书讲了什么？

006　什么是商业？

008　什么是管理？

010　什么是领导力？

013　领导者和管理者之间有什么区别？

017　领导者必须具备怎样的技能？

021　为什么我们越来越强调领导力？

1 企业战略

029　第一章　系统：复杂商业环境中的企业

029　企业管理的视角发生过怎样的变化？

032　企业和它的利益相关者是什么关系？

037　企业如何影响商业生态系统？

040　商业生态系统有什么特点？

046　商业生态系统中企业的命运如何？

051　第二章　战略：在动荡的商业世界里把握未来

051　商业的本质是什么？

055　什么是商业模式？

060　什么是企业战略？

063　企业战略的制定解决了什么问题？

066　制定战略时要考虑什么因素？

072　企业竞争战略有哪些基本类型？

076　现实商业社会中战略的复杂性体现在哪些方面？

2 组织构造和设计

083　第三章　组织：企业达成战略目标的基本工具和途径

083　企业为什么要有组织？

088　组织起到了哪些作用?

091　组织结构有哪些基本形式?

101　如何设计科学的奖惩体系?

104　怎样合理进行绩效评估?

108　第四章　创新:实现可持续发展的唯一法则

108　什么是创新?

114　创新有哪些种类,各自会产生怎样的影响?

121　创新要经历怎样的过程?

130　创新的关键之处在哪里?

140　第五章　创业:颠覆行业与社会

140　什么是创业?

143　发掘商业机会要从哪些方面着手?

147　资源整合有哪些关键点?

152　什么资金来源最适合自己?

154　优质的创业团队是怎样的?

159　创业初期必须做好的三件事是什么?

163　创业与创新有什么区别?

165　第六章　变革:企业保持竞争力的关键所在

165　什么是组织变革?

169　IBM是如何进行组织变革的?

174　促发企业组织变革的条件是什么？

181　怎样才能进行一次成功的组织变革？

187　八步组织变革法是什么？

192　怎样打破组织变革的障碍？

196　如何减缓变革对员工的冲击？

199　成功的组织变革领导者需要具备什么条件？

3　领导力

205　第七章　领导力：在组织中成就卓越

205　什么是领导力？

211　关于领导力有哪些争论？

214　一个优秀的领导者必须具备什么特质？

221　领导者面临着怎样的挑战？

225　领导者如何完成自己的使命？

234　第八章　权力与影响力：领导力来自哪里，又如何发挥作用？

234　领导力、权力和影响力之间是什么关系？

237　权力有哪些种类？

242　权力来自哪里？

249　组织成员对权力有什么反应？

252 如何对组织成员施加正向的影响力?

260 如何利用权力和影响力达到目标?

265 第九章 团队:领导力的落脚点

266 什么是团队?

269 为什么要有团队?

272 如何设计出一个科学合理的团队?

278 如何成功搭建一个团队?

283 怎样才算是一个高效的团队?

287 打造高效团队时,领导如何发挥作用?

293 后记

导语　商业、管理与领导力

本书讲了什么？

在现代商业社会中，无论你处于组织中的哪一个层级，都需要具备一定的管理和领导能力。无论是跨国集团的 CEO、公司中层还是私营业主，都需要在一个复杂的商业生态系统中领导和管理自己所处的商业组织。哪怕只是员工，现在也有越来越多的岗位需要员工明确组织所处的商业环境，并用管理和领导能力开展工作。因此，这本书就围绕着商业组织的三件最重要的事情展开，即战略定位、组织构造和设计、领导力。

导语部分，会向读者介绍商业、管理和领导力的相关概念，以及一些相近的概念之间的区分。

第一章和第二章将从商业生态系统和动态变化的角度谈一谈战略设定的问题。

商业环境或是商业生态系统究竟是怎样构成的？又是如何变化的？在这个过程中企业处于什么位置？企业能发挥哪些主观能动性来优化这一系统？

在认清商业环境后，企业正是依靠战略定位与采取一定的商业模式来实现生存和发展的。这一部分除了向读者介绍战略定位的相关概念，还重点介绍了战略节奏的概念，即如何在动荡的商业世界里把握未来。

在前两章，我们实际上是把企业本身当作了一个黑箱子，只探讨了企业外部环境的变化，而没有考虑企业内部的因素。

接下来的第三章和第四章，我们会从静态和动态两方面来介绍企业组织设计构造方面的内容。

第三章对一个企业组织做一个静态的扫描，让你看清该企业的组织结构，即该企业的部门是如何设置的，工作又是如何分配的。企业组织的结构和流程在任何一个静态的时间点都有它特定的状态。

第四章从动态角度观察一个企业组织。

一方面，在时间的维度中，企业组织的结构是变动的。那么，企业组织的结构为什么会发生变动呢？那是因为企业有一些渐进式、改良式的创新，比如一些新的业务、新的技术、新的产品、新的管理模式等。随着这些创新的诞生，企业组织也将不断更新升级。

现在的通用电气公司和1930年、1980年、2000年、2010年的通用电气公司,在组织结构甚至各个方面,都有很大的不同。同样,如今的华为与1992年、2002年的华为也有很大的不同。这些组织上的更新正是由这些企业在发展过程中的渐进式创新带来的。

另一方面,商业社会中还会出现一些颠覆。这也是因为创新,但这种创新不是渐进式的,而是一种颠覆式的创新,它能够使原来产业中运营良好的部分或者全部失去了存在的基础或必要,从而被颠覆。

近年来,大家会有很多这方面的体会:当人们越来越多地使用手机和数码相机照相的时候,柯达公司破产了;当有更多的公司来提供电子商务服务,在网上售卖东西的时候,原来传统的实体店遇到了生存危机。

因为近些年商业社会发生了翻天覆地的变化,所以我们会在第五章中着眼于创业及颠覆性的变革,探讨为什么一些大企业在与新的小型创业公司的交锋中不能做出正确的反应,最终导致自身的衰落甚至破产。

第六章强调任何一个企业组织都必须根据环境的变化来进行变革,以适应变化中的时代,而进行组织变革是领导者的一个重要使命。

第七章的内容围绕个人领导力对一个个问题进行讨论:是不

是人人都能成为领导者？领导者是天生的还是后天培养的？个人需要满足怎样的条件或是经过怎样的过程才能成为领导者？

第八章会谈到权力的来源，以及领导对别人产生影响的原因，而这两者共同构成了领导力的基础。

第九章会从团队的角度介绍该如何领导一个团队。有人会问："该怎样领导一个拥有10万名员工的企业组织呢？"其实，无论领导多大的企业组织，领导力在很大程度上取决于你和你的核心团队之间的互动关系。比如说，你是一家大公司的CEO，其实只需要将高层团队的10个人领导好，再让他们去领导各自的下属就可以了，这样你就能够成为驱动和领导一个王国的领导者。

总体上来说，这本书总共有9章内容。导语之后，用2章的内容来讲战略定位，用4章的内容来讲组织构造和设计，最后用3章来讲领导力。这就基本概括了关于商业管理的最新的、最基本的知识体系。

管理学本身是一门来自实践的学问。我希望书中的内容能给大家带来一些小小的启发，提供给大家观察整个商业社会的视角、所需的基本概念，并使大家了解这些概念之间的联系。

这本书只是为大家提供了一张用来观察商业社会的知识地图，但你即使有了地图也并不见得会走路，所以你需要拿着地图，看一看周围，看看哪些东西跟地图上的比较相似，看清楚了再走，然后再走走看看、看看走走。这个意思就是说,必须把书上的知识与现实生活中的感受和体会结合起来。比如,大家可以多看看书、商业杂志的报道或是周围企业家的工作状况,把理论和实践结合起来,让这两者相互参考、相互印证,慢慢地把这些知识内化为自己对商业社会基本运行方式的理解和认知。

这样一来,读者在走向商业社会的时候,就能对实践经历做进一步提炼,将其变成自己头脑中的概念,甚至将其分享给其他人。这其实就是所谓的"概念性技能"。

此外,读者可以把书本知识与自己的日常生活相结合。无论你是在校大学生还是上班族,都多少会有点时间来跟你的朋友们一起做一些事情。那么在这个过程中,你就可以思考一下,如何才能让别人听你的意见,别人为什么要听你的意见。你曾在书中看过关于人际交往技能的内容,这时你就可以运用这些内容,让他人更愿意接受你的想法,同时激励他人把工作做得更好。这个概念甚至可以被运用于与家庭成员相处的过程中。

综上所述,这本书里所说的管理和领导力不是死板的知识,而是能在生活中被灵活运用的知识。因此,我希望大家能不断学习、不断实践,提高自己的学习能力,把书本中的概念内化为自己的知识,这样你才能变得更优秀。

什么是商业？

商业的基本概念

这本书涉及了最基础的商学、管理学的知识和理念。商学和管理学之间有什么关系呢？这就涉及了管理学上最主要的两个概念：商业和管理。

"商业"这个词出现得很频繁，围绕"商业"还产生了很多衍生词组，比如商业计划书（business plan）、工商管理硕士（Master of Business Administration）等。那么到底什么是商业呢？商业是指：有组织地生产、购买、销售产品和服务的活动。

商业的四大基本要件

● 处于市场经济条件下

什么是市场经济条件？市场经济条件就意味着我们不是在计划经济条件下，意味着有很多买家和卖家。在计划经济条件下，产品的购买和分配都是由政府计划者决定的，不可能产生交易。

● 有各向异性的市场主体

"各向异性的市场主体"通俗地来说就是"萝卜白菜，各有所爱"。比如，有的人喜欢衣服，所以他就拿钱去换衣服。有的人喜欢V领的衣服,有的人喜欢圆领的衣服,因此就有人给喜欢V领的消费者做V领的衣服,给喜欢圆领的消费者做圆领的衣服。

为什么各向异性的市场主体如此重要?因为在一个社会里,如果所有人需要的东西都完全一样,就没有交易发生,也就不存在商业了。

● 自主决策(自由市场)

市场主体必须能够自主地决策。什么是自主决策?自主决策就是主体根据自身的需求来决策需要什么或是不需要什么,根据自身的资源条件来决策提供什么或是不提供什么。因为只有在自主决策的条件下,才可以说:我放弃一些东西,来换取另外一些东西。

● 两合交易(买卖双方)

在自主决策的条件下,你有西但想要东,我有东但想要西,如果我们两人是买卖双方,并能形成交易的话,那最后一定实现了共赢,因此商业交易也被我们称为"两合游戏"。

所谓"商业",必须满足四个基本要件:在市场经济的条件下,各向异性的市场主体在自主决策下,通过自由的谈判,最终达成一个两合交易。在整个社会中,有组织地生产、购买、销售产品和服务的活动就被称为"商业"。

什么是管理？

管理的基本概念

我一个人做小买卖，一个人开一家小店或是在路边弄一个烤炉卖烤红薯，这叫作"商业"。当然，像李嘉诚一样建立一个庞大的商业帝国，从事商业活动，也叫作"商业"。

那这两者之间有什么区别呢？区别就是效率和规模不同，而讲到效率和规模，就要涉及"管理"的概念了。

所谓"管理"，就是在工作中以高效的方式，与一群人共同或通过这群人，实现想要达到的目标的行为。

管理的三大基本要件

● 人

把"人"加入管理概念中，有两种可能的途径。

第一，与人合作，即自己与别人共同完成某事。比如说，你和你的弟弟一起来玩一个游戏——下棋。

第二，通过别人，即自己不做，让别人来做。比如说，你叫你弟弟去厨房里帮你拿一块巧克力来。

● 目标

就是指在完成事情的过程中,有一个给定的清晰的目标。比如说,我要我的团队在 3 个月内写一份商业计划书。这个目标特别清晰,即 3 个月之后必须有一份可以交给别人的商业计划书。

● 方式

方式是否有效,是用来评判管理好坏、目标是否达成的标准。其中涉及两个概念:

第一,有效果(effectiveness)。举个例子,你叫你弟弟去厨房拿巧克力来,他将巧克力拿来了,而不是半途掉在地上了,这叫"有效果"。

第二,有效率(efficiency)。比如,你叫你弟弟去厨房拿 10 颗巧克力。他拿自己的小手抓一把,只能抓 2 颗,所以这样他得跑 5 趟。但是他没有这么做,他拿一个口袋将巧克力一次性拿过来,这就叫"有效率"。

我们可以拿如下例子来类比管理。

你要从你家出发,骑自行车去 500 米之外的你女朋友的家。那么这件事情的目标是:从自己家到女朋友家。

你是通过什么方式来完成的呢?如果你是骑自行车去的,我们就可以把自行车看成一台设备机器。

那么在这个例子中,何谓"有效果"呢?就是你骑着自行车能到达你女朋友家。

何谓"有效率"呢？就是你能够尽快到达女朋友家。你用什么办法能够做到这一点呢？方案一，你拼命地、使劲地蹬自行车，让自行车跑快点。这个办法依靠的是自己的努力。方案二，你买一辆最好的变速自行车——在设备上进行投资。这样的话，你不仅骑着轻松，而且还能"有效率"地实现你想要达到的"效果"。

我们以上所举的例子说明，如果我们把自行车看作是一个管理的关键实体的话，你与自行车互动的过程，就是我们所谓的"主要管理过程"。

管理的目标是给定的，我们需要在目标已经给定的条件下，通过与别人或设备共同工作来有效率地达到给定的目标，这就是管理。

什么是领导力？

领导力的基本概念

商业本身着眼于事，管理虽然也关于事，但同时强调与人打交道。在最近的20年,特别是进入新世纪以来,在这两个概念的基础上,人们开始更多地讨论"领导力"。为什么"领导力"这个概念在最近一段时间里会这么火呢?一个很重要的原因就在于,"领导力"本身正在变成一种越来越重要的能力。

"领导力"是什么呢?即通过鼓舞和激励组织中的其他人来驱动创新与变革的能力。

领导力的三大基本要件

● 推动创新与变革

领导的目的与管理的目的不同,它不是为了完成一个目标,而是为了驱动创新和变革。也就是说,一个人之所以被称赞为有领导力,是因为他在自己在任期间做了一些别人做不了或是别人没做成的事情。他做了一些新的事情,或者他使组织由过去的状态变成了一个新的状态。

大家想一想,在史蒂夫·乔布斯离开苹果的那些日子,苹果是怎样的状态;当他回到苹果之后,苹果又是怎样的状态。是乔布斯拯救了濒临破产的苹果,并把它改造得如日中天。在这个过程中,他一定是做了一些他的前任没有做成的、创新的事情。在乔布斯在任期间,苹果推出了很多重要的产品——比如 iTunes、App Store 等——并对业务模式进行了创新。

● 通过别人实现

乔布斯之所以在苹果取得成果,是不是因为他每天都趴在办公桌上冥思苦想、埋头苦干呢?可能有部分时间确实如此,但是更多的时候,他是通过别人来完成目标的。也就是说,乔布斯确实很有才能,但是他之所以在苹果取得那些成就,不是因为他自己亲身做了很多事情,而是因为他鼓舞和激励别人去做了创新的事情。

● 鼓舞与激励

苹果人才济济,为什么是乔布斯带领苹果完成这样的颠覆整个手机行业的创举呢?是他身上所具备的某些特质或技能说服、鼓舞、激励那么多聪明的人才朝一个目标努力。

在物理学中,原子是由原子核和围绕在原子核周围的自由电子共同构成的。而自由电子之所以自由,是因为它有自己的运动方向,而且这些运动是杂乱无章的。自由电子的运动轨迹是由原子核来决定的,距原子核最近的电子,受原子核的作用力最大。从总体上看,这个原子本身按照原子核所期望的轨迹运行。

自由电子相当于我们组织中各有千秋的成员,而领导者之于组织,就相当于原子核之于原子。这就相当于一个组织里面有高矮胖瘦且心思不一的成员,领导者需要成员们团结一致,在组织中发挥各自的优势,从而高效完成目标。

领导力的基本概念:通过鼓舞和激励别人来达到目标,即驱动组织创新和变革。

领导者和管理者之间有什么区别?

各种商业活动聚集在一起就构成了一个商业社会。

在商业社会中,我们既可以看到管理的活动,也可以看到领导的活动,相应地,就产生了管理者(manager)和领导者(leader)。在很多时候,我们并不会清晰地界定两者的定义,而且在大部分时候也没有必要这么做,但其实这两者之间还是存在微妙的差别的。

在近些年的商业社会中,人们更多地强调领导者,而更少强调管理者。二者之间这微妙的差别是什么呢?

管理者的任务

基本上来说,管理者只干三件事情:计划和预算、组织和执行、控制和解决问题。

● 计划和预算

预算,是指在达成目标的过程中对于需要的资源的数量进行规划,而计划就是指如何达成以上规划。

● 组织和执行

管理者已经有了计划和预算,把资源拿到手了,需要执行。管理者一般通过组织员工来实现计划和预算。管理者需要设计一个架构,来给员工安排任务,并促进他们之间的协调合作。

● 控制和解决问题

在工作的过程中,往往会出现一些不如意的情况。在这个时候,管理者的工作就是控制事情的发展进程,一旦出现问题,就要解决问题。

因此,我们可以看到,管理者就相当于一台机器。他的输入和输出都很明确,流程也是明确的。

领导者的任务

领导者自身不设立目标,也不做预算,领导者的三个任务是:设定方向、连接人、鼓舞和激励。

● 设定方向

一个领导者会坚定地设定一个方向,这是一个领导者要干的第一件事情。

在1999年的时候,马云就坚持认为,中国将来一定会走电子商务这条路,所以他创立了各种各样的公司。比如他最早创立了一家名叫"中国黄页"的公司,但是他最后失败了。后来,他开始准备搭建B2C商务平台。当时他和他的"十八罗汉"遇到了很多困难，但是马云给他们设定了一个方向，即要朝电子商务的方向走。也就是说：一年之后，这个电子商务平台能走到怎样的程度、达成怎样的目标，一切都是未知的，但是大家一定要坚持往这个方向走。这就是所谓"设定方向"的含义。

● 连接人

作为一个领导者，他要干的第二件事情就是把那些愿意跟他一起干的人纳入组织，这就是所谓的"连接人"。

1999年，谁会相信在未来中国会有那么大的一个电子商务市场，又有谁会相信我们每个人点一点鼠标，就能在网上买东西呢？但是马云就有本事在那个时候"忽悠"他的"十八罗汉"，使之相信他坚持的方向，然后他把这些人都带进了阿里巴巴这家公司的组织框架。随着业务的不断扩大，他将包括蔡崇信在内的、原本不属于这个框架的人和更多的资源带入阿里巴巴这家公司。

设定一个方向并把人都连接起来，这就是"连接人"的作用。

● 鼓舞和激励

当领导者设定目标并把人连接在一起之后，他就需要鼓舞和激励这些人，使他们朝他设定的方向走去，这是他要做的第三件事。而具体的方式或者阶段性的目标，并不是由领导者单独决定的，而是由他所领导的团队集体创造出来的。

还是以马云为例。那个时候马云在北京到处跑，说做中国黄页很好，说要把中国的产品卖向全世界。但事实上，那个时候的条件并不成熟。但是他能够把自己的队员连接起来，通过不断地探索和实验，在那个所谓的大方向上逐渐摸索出了可行之路。

领导者的三个任务都是非常有挑战性的、非常规化的。

管理者与领导者的区别

关于管理者和领导者的区别，我们可以用"打仗"来举例。

如果让一个管理者去指挥战争的话，他最擅长的是指挥伏击战。例如，如果他知道有一批敌人将在某天某时某分经过某个山口，他就会制订一个作战计划，把他周围的部队都调动起来，并对每支部队进行规划，指挥他们各自在什么时候到达什么位置，形成一个伏击圈。因此，他需要调动全部的资源，并在打仗的过程中时刻关注"哪里的兵力配置够不够""哪里的火力够不够"之类的问题。在打仗的过程中，他还要不断地进行动态的调整，使他的部队在最后能达成歼灭敌人的目标。这就是我们所说的"管理者"，他计划得很好、预算做得很好、组织得很好，在打仗过程中遇到的一些小问题也解决了，最终打赢了敌人。

而领导者更多的时候是告诉下属，"我们需要在这里打一场仗，并歼灭全部敌人"。至于具体怎么打，领导者会让下属发挥自己的主观能动性,去打所谓的"遭遇战"。在歼灭敌人的过程中,领导者还会不断地寻找"打仗能手",让他们加入自己的队伍,并鼓舞和激励他们全力以赴打击敌人。

> 管理者任务是,计划和预算、组织和执行、控制和解决问题,管理者所做的更偏重日常的运营。领导者的任务是,设定方向、连接人、鼓舞和激励,他的工作更偏重开拓创新(如果用更严谨的语言来陈述,那就是战略定位、组织构造和设计、个体领导力)。做一个领导者往往比做一个管理者更具有挑战性。

领导者必须具备怎样的技能?

当我们了解了商业、管理和领导力,并知道了领导者的三个任务——设定方向、连接人、鼓舞和激励——我们就会思考,领导者要具备怎样的技能才能完成这三大任务?

领导者的三种能力

为了完成以上三项任务,领导者需要三种与之一一对应的能力。

● 概念性技能

领导者需要依靠概念性技能来完成战略定位。那什么是概念性技能呢？

举一个例子，小米的创始人雷军说，我们要在一个互联网时代里面做三件事情：第一，压缩利润，让消费者得到高性价比的东西；第二，快速纠错；第三，极致生产。雷军把自己的这些想法提炼归纳为"互联网思维"，并用"互联网思维"这个词组不断地指导和驱动小米团队的成员。

把一些复杂的想法提炼成一个简单的概念，并用这个概念来指导组织的定位和组织的运营，就是所谓的"概念性技能"。

● 专业技能

在组织发展的过程中，我们需要一些专业的技能，而这种专业的技能有时候也被称为"技术技能（technical skill）"。尤其是当我们把需要解决的任何一个问题都当作技术问题的话，那我们将解决这些问题的能力称为"技术技能"是非常有道理的。

比如说，当领导者领导一个研发组织时，他就需要了解相关技术领域、研发过程及评估研发是否正确的评价标准，而这就是我们所说的"专业技能"。

领导者的专业技能并不是只能被用于解决具体的问题，而是使他能更了解业务，继而对这个组织进行分类、构造和激励，我们把这种专业技能叫作"组织构造和设计"的专业技能。

虽然有些时候,领导者可能并不能掌握全部的专业技能,但是他可以聘请专业的队伍去完成任务,领导者只需要想办法驾驭组织。

● 人际技能

领导者与组织成员相互沟通、说服、激励、鼓舞的能力就叫作"人际技能(interpersonal skill)"。

技能跃迁

当我们处在一个特别领先的组织中时,我们所处的位置不同,所需要的技能也就不同。

就比如说,刚刚大学毕业的年轻人并不需要具备驾驭一个千百人的组织的全部能力。在最初进入一个组织时,我们可能还处于初级阶段,即在组织中的层级只是一个个体贡献者。打个比方,如果你是一个"码农",此时就只需要自己编码、编程序,这样的你并不需要具备太强的领导力,当然如果你有也很好。

紧接着,你在工作的过程中,可能会因为工作质量高而得到同事和领导的认可。于是你的领导就把你从一个个体贡献者,即基层员工提升为一个一线管理者,让你领导一个三五人的小团队。当你成为一个一线管理者,最重要的是你要有很好的专业技能,如此才能够服众。因此,专业技能在这个职位上就起到了很重要的作用。当然,如果你还能有一点人际技能,能把大家团结在一起做事是最好的。不过在这个时候,所谓的"概念性技能"对你来说并不是很重要,因为在这个时候,你这个小团队的方向是由这个小团队所在的组织决定和限制的。

随着小团队的业务越做越好,你可能会被提拔为部门负责人,在这个时候,你就成为中层经理。与你之前所具备的技能结构相比,中层经理所需要的技能结构中有了一个最根本的变化,即当成为中层经理之后,你对专业技能的依赖变少了。而当你领导和管理的人越来越多,你需要处理的事情越来越复杂之后,你的人际技能有了很大的提高。当然,如果你所处的部门稍微大一点,你领导和管理的范围稍微宽泛一点的时候,你需要有一点方向感,即需要具备一些概念性技能。

比如,当遇到困难时,你会告诉你的老板:我们正处于这个项目最困难的时候,还有三五周的时间,我们就能挺过这个难关。从这个时候开始,你发现自己已经有了对一个组织的判断能力,这种对组织的概念性判断能力就被纳入了你进入中层之后所具备的技能组合中。

随着不断的进步,你可能会辞职创业,也可能被提拔成了一位高层领导(executive)。在这个岗位上,你的技能结构所发生的一个最重要的变化就在于,你对概念性技能的要求越来越高,你必须对战略有感觉。同时,人际技能也是你的技能结构中很重要的一部分,因为你需要驱动组织。但是这个职位对你做具体事情的专业技能的要求低了很多。

> 身处组织的不同层级,自身所需要具备的三类技能(概念性技能、专业技能、人际技能)和所从事的具体工作,都是不一样的。但是从总体上来说,随着自身经验越来越丰富,对组织的责任越来越大,所领导的组织面临的环境越来越复杂,"概念性技能",即方向感,就会越来越重要。

为什么我们越来越强调领导力?

我们通过前面的内容大致讲清楚了,在一个商业社会里面,管理者和领导者之间的区别是什么。如果大家关注一下最近的商业报道或是讲座,就会体会到,在现在的商业社会中,人们越来越强调所谓的"领导力"。

现在我们回顾一下前面谈及的管理和领导力的最基本的定义,领导力实际上是驱动创新和变革的能力。那我们的社会为什么要反复强调创新和变革呢?那是因为最近10年商业社会的新发展对企业的经营和管理提出了新的要求。

随着商业社会的管理水平的提高,管理逐渐被人们熟识、接受,成了人们比较基础的能力,而领导力则成为人们面临的一个挑战。人们更多地认识到领导力在组织中的重要作用,特别是近些年商业模式不断被变革和颠覆,BAT、苹果、谷歌崛起,领导力在这些商业事件中起到了至关重要的作用。一个企业组织如果缺少创新和变革、缺少具备较强领导力的领导者,不但可能停滞不前,甚至会如柯达和诺基亚一样成为被颠覆的对象。

商业社会的新变化之多样性

我们越来越强调领导力的第一个原因在于,这个商业社会越来越具备多样性。

● 管理对象的多样性

所谓"管理对象的多样性"就是指,在组织里面的成员,即组织所管理的对象,具备许多非常不同的特点,但又必须团结在一起。

举个例子。我曾在20世纪90年代末期的时候到美国留学,毕业之后在一家公司里面实习。当时,我们公司有一个领导和四个小兵。

我们的领导是一个纯正的美国人,他的祖先从英国移民到美国,他本人在美国长大,毕业于西点军校,是学工程出身的。

他底下的四个兵各有特色。第一个是来自波兰的小伙子,长得高高帅帅,但是需要被拼命地催促才能完成自己的工作;第二个是一个来自卢旺达的女生,是部族仇杀的幸存者,她拿着政府的奖学金来美国读书、实习;第三个是一个来自马来西亚的穆斯林女生,大家走在一起的时候,她经常用围巾包着头;第四个就是我,我数学比较好,但是英文说不溜,不会吵架,也不怎么会说话。

大家可以想一想,如果一个领导者要同时领导这四个人去完成一个项目,他得有多困难啊。也许在不久的将来,你就需要领导这样一支跨国团队,成员的文化背景不同、能力基础不同、知识结构不同,所以对同一个概念的理解不同,甚至做事情的干劲也不同。

而随着全球化的进一步深入,这种多样化的团队不仅在组织内部存在,甚至你的供应商也有可能来自世界各地,这样你就必须成为那个能够驱动各个不同个体或组织来完成组织目标的领导者。

● 业务的多样性

业务的多样性包括商业模式和业务结构的多样性。

在传统意义上,商业即低买高卖,但是我们现在的商业模式有了新的变化。比如我们说,在互联网领域出现了"羊毛出在牛身上猪掏钱"的现象,也就是说,价值链变长了,这种商业模式就跟以往完全不一样。

企业的业务结构也发生了变化,比如很多公司既有面向企业

(to B)的业务,也有面向消费者(to C)的业务,而且面向企业的业务和面向消费者的业务有很大区别。这些各不相同的业务都有可能在公司的框架下来运营,其难度可想而知。而管理的难度跟管理的内容的差异有极大的关系,所以在这个时候,你不可能给这些业务制定完全一致的目标,你只能想办法去鼓舞和激励员工朝着正确的方向去运营,而不是简单地给他们设立一个"一刀切"的量化指标。

这就是我们越来越强调领导力的第一个原因——这个商业社会越来越多样化。

商业社会的新变化之动态性

我们越来越强调领导力的第二个原因在于,商业社会正在经历前所未有的动态变化。

我们现在所消费的一些产品和服务是五年前或三年前根本没有的。就比如网约车,在以前这种打车方式是不合法的,但是现在我们已经可以频繁使用各种打车App了。再比如订外卖、海淘奶粉,这样的事情在以前是根本不存在的。

商业社会变化如此之快,以至于人们没有办法去规划。你不能预判两年之后你的公司会是什么样子,你也就不太可能给公司制订所谓的"两年计划"。你所能做的,就是设计一个大致的方向,让大家在发展的过程中进行动态的调整。

在现代商业社会中，多样性和动态性使公司或企业组织时时刻刻处于变化之中，环境的巨大变化要求公司或企业组织自己的管理方式和管理模式也随之变化。有一句话叫作"唯一不变的是变化本身"。因此在这个时候，就需要你和你的组织时刻准备着通过创新的方式驱动组织的变化，以使其适应不断变化着的环境，甚至是引领商业社会的变化。

同时，多样性和动态性也使得我们更多地强调所谓的"领导力"。

商业社会变化的多样性和动态性使得组织的创新和变革成为必要，而领导力的目标正是驱动组织创新和变革，所以领导力也日渐被人们所重视和强调。

The First Part

Corporate Strategy

第一部分

企业战略

第一章 系统:复杂商业环境中的企业

企业管理的视角发生过怎样的变化?

本章的主要内容是分析企业和它所在的整个商业生态系统之间的关系。在讲这个问题之前,我们先来思考一个问题——企业在管理什么?

19世纪

最早的时候,人们的管理观是——把企业视为一台机器,由企业来实现从原材料到卖给消费者的产品的转变。其中有三个管理对象。

企业要购买原材料,因此企业的第一个管理对象是它的供应商。

企业要把商品卖出去,因此企业的第二个管理对象是它的客户。

这两点大家都很容易理解,但是这两点之间的过程涉及了把原材料转换为产品的机制,这是第三个需要管理有所作为的地方,即从过程中要效益。

比如,一家公司现在有一份烧煤的工作,管理者想知道工人如何能够更有效率地向炉子里铲煤。这就产生了一个在当时很有意义的研究课题,研究人员对工人向炉子里铲煤的过程进行了分解——煤距离工人和炉子的距离、工人铲煤的频率,还有工人一次性铲煤的量——管理者通过对分解出的这几个步骤进行优化来提高效益。在那个时候,人们就按这个机制对各工种进行优化管理,这也是传统企业管理的一项基本职能。弗雷德里克·泰勒(Frederick Taylor)的《科学管理原理》这本书详细地介绍了19世纪企业的状况。

20世纪

● 股份制兴起

第二次工业革命后,工厂不断扩大规模,于是需要更大的资本投入。这个时候,人们自身所拥有的资金往往是不够的,于是他们就会去找合伙人。怎么合伙呢?人们会按投入资源的比例进行所有权和收益权的分配。

股份制使得企业可以集中资源办大事,因此在这个时候,就出现了现代的股份公司制度。有了股份公司制度之后,人们从股东视角出发,对企业产生了一些新的想法。何谓"股东视角"？股东视角就是指,高层管理者的职责是让公司的资产产生尽可能高的股市价值。

这个时候有人就会产生疑问:"我们不是经营企业吗？怎么会跟股票市场有关系呢？"这是因为,在股东给你投资的时候,他不关心你经营什么,不关心你究竟是卖电子产品还是卖可乐,他只关心他投进去两块钱的时候,年底能分到多少利益。

企业也会非公开地发行股票,股东依靠分红来回收自己的价值。在我们现在的很多企业——比如合伙企业中,也存在这样的机制。

● 公开的股票市场的建立

如果我今天给一家企业投资了 10 块钱,到了年底我急需用钱,但是手头又没有钱,那怎么办呢？我把手上 10 块钱的所有权卖给隔壁老王,老王得到了这 10 块钱的所有权,也就得到了日后这 10 块钱相应的分成。如果老王觉得这家公司发展得很好,未来分红的收益很可观,就会愿意出更高的价格来买我的所有权。

于是,一个公开的股票市场被建立起来了,人们就在这个市场进行股票的交易。企业运营的目的是为股东创造价值,而这些价值,就是由股票市场上股票的价格来呈现的。股票市场的出现,使领导者和管理者不但要关注企业的投入和运营,还要开始管理股东的预期。

到这个时候为止,企业管理的对象有三类人,即供应商、客户、股东。

21世纪以来

随着时代的进步、市场的进一步发展,企业的运营环境越来越复杂,有更多的人被带入企业管理的视角,因此在2000年后,就逐渐形成了利益相关者视角,就是说,企业不仅要管理前面的三类人,还要管理比这更宽泛的群体。

企业和它的利益相关者是什么关系?

在前面的内容中,我们谈到了企业管理视角的变化。我们可以看出,变化的趋势是:对企业运营有影响的人在不断增加。于是现代的管理者认为,应该把这些人都纳入管理范围内。那么这些人都是谁呢?

企业内部的利益相关者

早在 2001 年的时候,马云就公开说过,在阿里巴巴,员工第一,客户第二,股东第三。不止马云一个,很多企业家都认为:有了最优秀的员工,就能创造最优秀的产品;有了最优秀的产品,就能获得更好的经营收益;获得更好的经营收益,就能吸引更多的股东投入,就能创造更大的价值;而一家企业经营得好,它的供应商也会从中受益。

所以,有的人认为,员工也应该是企业管理的重要对象。当然,这里的员工不仅仅是那些已经在你公司上班的员工,还有潜在的、有可能进入你公司的人才。

综上,我们便得出了企业内部的四类利益相关者——员工、客户、股东、供应商。

企业外部的利益相关者

● 竞争者

也许有人会很诧异,为什么竞争者也是我们所要管理的对象。其实这很好理解,因为我们必须把竞争者可能存在的行为纳入自己的管理范围中。比如,当你今天还在埋头做新产品的时候,你的竞争者已经在昨天晚上发布了一个跟你所开发的产品一模一样且价格更低的产品,并将其大规模推向市场,那你还有必要再继续开发手上的产品吗?因此,竞争者也是你管理的对象。

● 配套厂商

举一个例子,苹果开创了智能手机的新模式,它将手机软件的开发开放给其他公司,这使得苹果手机的软件极大地丰富起来,满足了客户的各种需求。苹果是怎样鼓励更多公司在它的平台上创新发展,为客户提供优质的产品和服务的?这就体现了苹果对配套厂商的管理能力。

以上就是两类企业外部的利益相关者——竞争者和配套厂商。

其他的利益相关者

但是在现代社会里,随着信息技术的高速发展,信息传播的速度越来越快,社会上任何的风吹草动都有可能影响企业的运营。因此,我们需要管理的对象其实不止以上几类,还要包括下面这四类。这四类虽然跟企业没有直接的交易关系或竞争关系,但也是企业需要管理的重要对象。

● 政府部门

比如,你是滴滴的经营者,那么交通管理部门一定是你需要打交道的对象。你希望让每个消费者都能随时随地打到车,也希望每个司机都能少跑空车多拉活,这当然是好的,但你的经营行为必须建立在符合相关法规的基础上。因此,你作为管理者,就需要跟交通管理部门进行有效的沟通。

总之,政府的政策方针一定会对企业的业务发展有直接或间接的影响,所以政府部门也是你要关注的对象。

● 媒体

在现代社会中,当我们每个人都拥有自媒体之后,那些有影响力的媒体、大 V 们对我们的影响非常大。

2015 年美团融资失败的消息在网上引起轩然大波,虽然已经得到美团的澄清,但是这种负面新闻在借助社交媒体广泛传播的时候,很可能会对企业的运营产生重要的影响——这样的新闻,显然对美团的融资进程产生了负面的影响。

● 社区

这里的社区,指的是 local community。意思是说,虽然你的企业的客户可能遍及全球,但是你的企业的运营可能影响了周围居民的生产和生活,因此居民们会对你提出一些疑虑,无论这些疑虑是否有道理,你都应该把它们纳入有效管理的范围内。

例如,你要在某地建设大型的二甲苯(Para-Xylene)工厂,工厂所在地的居民们因此非常不高兴,因为居民们认为二甲苯有毒,所以这个项目不能放到他们家附近来建。这就涉及了一个概念——"邻避运动(Not in My Back Yard)",也就是说,我们的社会的确需要二甲苯,但是我认为,你把工厂建在哪里都可以,就是不能建在我家后院。你若是建在我家后院,我就会请愿示威表达不满。事实上,人们对二甲苯的毒性存在过多的误解。有一段时间,清华大学化工系的几个同学天天在百度百科里修正一些有关二甲苯毒性的不正确的信息。

企业需要有效地管理当地社区居民的预期,与社区居民形成良好的互动关系。当然了,如果项目确实存在风险的话,企业也应该如实地报告给当地居民。

● 社会团体

随着社会的发展,除了政府、企业和消费者外,一些社会团体(NGO)及其领袖也会对社会产生很重要的影响,影响企业的运营。

比如说,动物保护组织本身与企业没有关系,既不是企业的客户,也不是企业的股东,但是动物保护组织秉持着非常强烈的保护动物的意愿,因此那些与动物或动物制品相关的企业就经常要与动物保护组织打交道。

我们都知道,广西玉林有吃狗肉的传统,所以在当地有很多经营狗肉火锅的餐馆。动物保护组织就去抗议,说当地没有善待动物,这在当时引起了很多风波。

在企业内部，我们需要有效地管理跟我们直接相关的员工、股东，在企业的上下游，我们需要管理供应商和客户。在企业外部，我们需要管理竞争者及配套厂商，在整个社群范围之内，我们要管理当地居民(利益团体)，还要协调与政府、媒体及社会团体的关系。

企业和这些利益相关者之间的关系往往不是简单的一对一的关系。比如说，你可能有好几个竞争者，也有好多的客户，这些客户可能是你的客户，也可能是竞争对手的客户。因此，你们之间就共同进行着一种特别复杂的活动。人们用一个原理来形容这种活动——"同船原理"，就是利益相关者和我们同船共渡。企业是这艘船，而企业的CEO就是这艘船的船长，他需要小心地驾驶这艘船。

企业如何影响商业生态系统？

商业生态系统是天然存在的，它就是由产品和服务价值链上的企业或组织组成，企业或组织间互为利益相关者或利益相关者的相关者，可能是竞争对手，可能是供应商或是供应商的供应商，也可能是客户，还可能是监管机构或是客户的监管机构。

那么什么是"产品和服务的价值链"？一个产品和服务从原材

料到生产制作再通过分发销售到客户手中,这个过程有很多价值环节。在现代商业社会中,几乎不可能有一家企业能够沿着价值链从头做到尾,这是低效的,更是做不到的。

小米生产手机,就应该有核心零部件供应商为小米提供芯片。假设这个核心零部件的供应商是高通,高通要不断地给小米提供芯片,那么它是怎么供应芯片的呢?这些芯片是由硅材料组成的,所以高通前面还有生产硅片的企业。同时,不仅有生产硅片的企业,还有将芯片设计在硅片上的企业,比如台湾的台积电。

小米除了有供应商,还得有客户。如果小米通过互联网做直销,小米手机就能够直接到达消费者手中,但还是有部分手机会通过像京东这样的销售渠道卖给最终用户。

因此,如果我们将产品的价值链展开的话,这就是一条由原料变成零部件,再由零部件变成部件,再由部件变成产品,然后将产品销售给营销渠道,最后由营销渠道销售给最终消费者的链条。

因此,商业生态系统在纵向上是沿价值链展开的,在横向上是每个价值环节上的一堆利益相关企业或组织。

正如现在人们逐渐意识到要优化生态环境,优化企业自身所在的商业生态系统已经成为当下企业管理的一项重点内容,BAT、小米、滴滴等大型集团都在争先恐后地建设和优化自己的商业生态系统。但它们是如何做到的呢？这要提到"两个市场"的概念。

两个市场

在商业生态系统中，股票市场和人才市场使得主导企业优化自身所在的商业生态系统成为可能。

● 股票市场

通过股票市场，主导企业一方面可以对价值链上薄弱的环节进行投入，另一方面可以进行强强联合，加强竞争壁垒，赚取最大利益。

例如，滴滴在 2015 年投资印度网约车公司奥拉卡布斯（Olacabs）5 亿美元；2017 年投资明觉科技（北京）有限公司，后者是专注研究汽车后市场数据、提供创新应用解决方案的创业公司；2017 年投资人人车 2 亿美元，人人车是一个二手车交易服务平台。通过在股票市场的一系列运作，滴滴不断优化自己的出行业务商业生态系统。

同理，小米从 2018 年年底到 2019 年年初投资了三家芯片和高端电子材料制造公司——晶晨股份、乐鑫科技和方邦电子——这三家也是小米的供应商。

● 人才市场

人才的流动对商业生态系统也会有很大的影响。

除此之外，主导企业也可以通过政府、社群、媒体和社会团体对商业生态系统产生很大的影响。例如，主导企业通过影响行业协会（社会团体）的方式获得有利于企业自身发展的资源。

商业生态系统在纵向上沿价值链展开，在横向上是每个价值环节上的一堆利益相关企业或组织。通过股票市场、人才市场，以及对政府、社群、媒体和社会团体施加影响，可以优化企业所在的商业生态系统。

商业生态系统有什么特点？

共生共荣

商业生态系统的第一个重要的特点是，共生共荣。

中国从20世纪80年代开始了小轿车的普及进程。到了2013年，中国已经有了1亿辆家用轿车，而且家用轿车在中国家庭的渗透率达到了20%，这就意味着中国真正地步入了汽车社会。整个社会都开始高度依赖汽车，同时也意味着围绕汽车会有一个庞大的商业生态系统。钢材、橡胶、石油等原料市场，汽车研发制造销售厂商，以及与汽车相关的高速公路等都共同繁荣发展起来了。

近些年电子商务的发展，也会缔造一个规模宏大的商业生态系统。

动态变化

商业生态系统的第二个重要的特点是，动态变化。

商业生态系统里有价值链，有诞生也有死亡。从手机行业的发展中我们可以体会到商业生态系统的不断变化。

1994年，手机只是少数人的工具，摩托罗拉是当时手机行业的霸主。

后来，手机开始慢慢普及了，第一波大规模进入中国的手机厂商是一些外资企业，比如西门子、索尼、京瓷、诺基亚、爱立信等，这些企业又各自找到了它们的利益相关者。

再后来，国内的企业，比如波导、TCL、联想等，也开始做手机，并且做过很多好玩又有趣的手机，以满足消费者的各种稀奇古怪的需求。在国内手机厂商崛起的过程中，也有公司被迫退出手机行业，比如西门子。2005年，西门子把手机业务出售给了台湾的明基，而明基的手机业务也运营得不太好。

而到了近些年，三星、苹果、小米、华为都成了主要的手机厂商。另外，还有一些意想不到的企业也进入了手机的商业生态系统。比如德信无线，它是由一个从摩托罗拉离职的员工在 2000 年的时候创立的手机设计公司。它的目的是为中国的企业设计手机，因为当时很多的中国企业只会生产手机，而不会设计手机。因此，它在 2000 年创立之后蓬勃发展，到 2004 年就上市了。

当苹果也推出手机之后，一个更重要的变局发生了。围绕手机形成了全新的价值链和商业生态系统。很多软件公司加入了这个行业，去做 App，例如美图秀秀、抖音，这些企业通过做手机 App 的方式也加入了这个商业生态系统。

整个产业的价值链和商业生态系统是不断动态变化的。

既竞争又合作

商业生态系统的第三个重要的特点是，企业之间的关系也是动态变化的。

传统的商业理论是说，你要么是我的竞争者，要么就是我的合作者。但是从商业生态系统的角度来看，它们往往是既竞争又合作的关系。

大家现在都已经习惯用滴滴打车，但在几年前的中国手机打车市场，由腾讯所支持的滴滴和由阿里巴巴所支持的快是平分秋色。当然了，在它们之前还有另外一些公司，但是都没有形成气候。这两家公司本来是直接的竞争对手，比如：滴滴要补贴用户，快的也补贴用户；滴滴去签司机，快的也去签司机；在某些地区，滴滴甚至专门给司机送手机，快的听说后也马上去给司机送手机。

这两个竞争对手有一天忽然意识到，再这么打下去，就是在烧投资人的钱，再多的钱也烧不起呀！于是最后这两家公司通过在股权上的合作，合并成为一家公司，从竞争者变成了合作者。

类似这样的例子还有好多，尤其是在一个产业发展早期的时候，仅凭一家公司往往很难把一个市场做大，因此会有很多企业都在同一个领域做，然后通过合作把市场的蛋糕做大。

现在很多行业的头部企业高层，不是在想如何对付对方，而是经常坐在一起讨论行业新业务的开拓和发展。

关键企业的核心作用，一定会辐射整个商业生态系统

在这个商业生态系统中，每家企业都要扮演自己的角色，也都会受到别的企业的行为影响。但重要的是，在这个过程中，一些核心企业通过创新对整个商业生态系统起到了非常重要的作用。因此，商业生态系统的第四个重要的特点是，关键企业的核心作用，一定会辐射整个商业生态系统。

比如说，我们现在一提起汽车，就会想到福特。福特进入汽车领域的时候，全行业大概有300多家汽车企业，那么福特为什么会

脱颖而出呢？因为福特做了几件重要的事情，几乎创立了整个汽车行业的商业生态系统，围绕汽车形成了一个完善的商业体系和王国。

● 流水线生产

那个时候，福特只生产一种型号的汽车，即 T 型汽车，但福特通过流水线技术实现了 T 型汽车的大规模生产，在不到 10 年的时间里，生产了 1500 万辆 T 型汽车。这是福特的第一个创新。

1500 万辆的规模如此之大，使得汽车的生产成本急剧下降，成本下降又导致汽车的价格大幅度下降——从 1700 多美元降到了 570 多美元。当降到 570 多美元之后，汽车符合大部分家庭的消费水平，走入了大众的生活中。

● 提高员工工资

福特的第二个创新很有意思。在员工没有要求的情况下，福特大幅度地提高了员工的工资，从每天 2 美元一下子涨到了每天 5 美元，相当于翻了 1 倍。当员工工资提高、汽车价格下降以后，就有更多福特员工的家庭能够买得起汽车。他们原来只是汽车行业的生产者，现在又成为汽车行业的消费者。

也就是说，福特通过这两个措施，一下子把自己产品的市场急剧扩大了。

不仅如此，当福特提高员工工资之后，在市场经济条件下，工人们一定都想去福特的公司工作。于是福特的竞争对手——比如克莱斯勒——也不得不提高了员工工资。因此,福特就把整个行业的工资水平拉到了5美元一天。这就使得商业生态系统中各环节的工资水平普遍提高。

这是福特的创新对于后端的影响,那么对于前端呢?

原来汽车企业一年只生产3000辆汽车,但是后来能生产10万辆、100万辆,那么它就养活了越来越多的钢铁厂、轮胎厂、橡胶厂。正是因为福特在产品的生产工艺和方法,以及企业管理的模式和流程上的创新,为业界广泛接受和扩散,亨利·福特才被称为"20世纪最伟大的企业家"。

从商业生态系统的角度看,福特的创新行为向整个社会扩散,推动了整个汽车行业商业生态系统迅速蓬勃的发展,这就是我们所讲的商业生态系统的第四个特点,即核心企业的作用。

商业生态系统有共生共荣、动态变化、既竞争又合作、关键企业的核心作用会辐射整个商业生态系统等特点。

商业生态系统中企业的命运如何？

在商业生态系统的演进过程中，企业要么自己发生变化，要么被别的企业颠覆或者被竞争对手挤出整个商业生态系统。

吉姆·柯林斯的《基业长青：企业永续竞争的准则》一书说的是，我们如何保证，我们建立的企业在经历所有变化之后，依然能保持领先的位置。很简单，基业长青的企业一定在不断适应自己所在的商业生态系统的变化，并且跟着它变化，甚至引领那些变化。

但是在商业生态系统里面，企业有生有死，并不是所有的企业都能主动地变化，有些公司会因为某些原因被动地应付这个世界的变化，应付不过来就会死掉。

企业的衰败

那死了以后的企业将被如何处理呢？

在丛林环境中：一头大象死掉之后，就会变成别的动物的食物；一棵树腐烂以后，就会变成别的植物的肥料。在商业生态系统中，企业的命运也是类似的。一家企业破产了，那么属于企业的机器、设备都可以通过拍卖重新进入商业生态系统，而企业所拥有的专利等资源也会成为供市场中其他企业运营的资源。

摩托罗拉,无线通信市场曾经的王者,最后不得不申请破产。摩托罗拉的手机业务之所以被谷歌收购,就是因为谷歌看中了摩托罗拉的手机专利,后来,联想又从谷歌手中把摩托罗拉原来的手机业务买过来。联想买这个手机业务也是为了获得摩托罗拉手机专利的使用权。

在中国,摩托罗拉还有另外一个重要的贡献。摩托罗拉的手机业务虽然被出售了,但是中国手机行业一大半的研发工程师都或多或少跟摩托罗拉有关。这些人要么是直接从摩托罗拉出来的——比如锤子手机的CTO,就是直接从摩托罗拉跳槽过来的——要么他的师傅或者师傅的师傅曾经在摩托罗拉工作过。在手机研发领域,人们的一个说法"南华为,北摩托",指的就是在北方地区,摩托罗拉在手机行业研发人员的培养方面做出了重要的贡献。

这让我想起了一句诗:"落红不是无情物,化作春泥更护花。"企业虽然死了,但是企业的资产和资源依旧能够被别的企业所利用。

企业基业长青之道

那么另一些企业在商业生态系统中生命较长,这些企业是如何维持基业长青的呢?

如果你要采购防毒面具或口罩,你一定会查到一家叫3M的公司。为什么这家公司要叫"3M"呢？3M 是 Minnesota Mining and Manufacturing 的简称，即明尼苏达矿务及制造业公司。这家公司最早的时候是做与矿业相关的生意的，比如磨料、磨粉、砂纸之类的。但是经过长时间的发展，3M 公司对自己的产品不断更新，现在在为医疗行业做手术服、口罩等。

德国那些百年老店，所谓的"隐形冠军"，是由一些家族所持有的，但它们现在的主营业务与几代之前的有可能完全不一样了。

这家公司依然存在，但是它的产品与 100 多年前、50 年前，甚至 20 年前可能完全不一样，这就是一家公司内生的变革。

企业随着社会系统和商业生态系统的变化不断放弃老业务，发展新业务。

比如说，通用电气公司原本是一家电器公司，它原来有过生产电视机、洗碗机等电器的业务。但是对于现在的通用电气公司来说，广播电视业务、金融业务成为其更重要的业务。

在 20 世纪 80 年代，杰克·韦尔奇开始主持通用电气公司之后，他逐渐建立起一个原则——通用电气旗下的业务如果能达到行业前三，就保留；如果达不到前三，就卖掉。所以通用电气公司把它的电视机业务和洗衣机业务都卖了。

这个"新业务"既有可能是由企业自身创立的，也有可能是通过市场买入的。随着市场的发展，随着商业生态系统的演进，企业能动态地保持领先地位。

企业的兴起

市场中还有一些新的小型创业公司,它们每天都在思考如何做出新的东西,如何做一些创新的产品和服务,通过它们自己开发的创意产品和服务,来满足消费者的各种需求,从而替代原有行业中的大玩家,成为被消费者认可的供应商。

这就是我们所说的"小型创业者通过创新来颠覆已有的行业结构"。1999年的马云只是想做一个黄页,但是他后来慢慢地走进了电商领域。电商领域中的阿里巴巴、京东等,最早的时候都是小型创业公司。

随着这些电商企业的发展,最先倒霉的是实体书店。不仅仅是新华书店,还有很多民营书店,都经营不下去了。紧接着是大型商场,比如北京的当代、双安,这些商场的客流都受到了很大的影响。

企业的兴起、持续繁荣甚至衰败对于商业生态系统都是有意义的。看清其中的意义才能更深刻地理解整个商业生态系统的运作,抓住机遇。

本章小结

本章的内容让大家理解了商业管理的范围,企业的各种利益相关者。企业和各种利益相关者一同组成了一个动态演进的商业生态系统。在整个商业生态系统中,企业是有生有死的。这种生死或者说经营的优劣,高度取决于企业经营者在一个动态变化的环境中,如何把握企业与环境的关系,即向内管理好自己,向外关注行业的变化。

第二章　战略：在动荡的商业世界里把握未来

商业的本质是什么？

在前面的内容中，我们把商业生态系统完全展开了，在这个动态的商业生态系统中，企业要围绕自己的利益相关者运营，但是我们并没有涉及"企业是如何赚钱的"。从这一章开始，我们会逐渐深入这个层次来考虑企业的商业运营。

商业的不确定性

大家通过一些日常生活中的例子就能很好地理解商业的本质。

有的人去长城游玩，发现了一个商机，就是在长城上向游客卖水。一瓶水在北京城里的便利店卖2元，到长城上卖10元，这可以算得上是"暴利"了。

但是，你仔细思考一下，你要如何利用这个商机，如何把水送到长城上呢？我们首先来"脑补"一下整个过程。

如果你要卖水，那么第一件事就是买水。比如你买一箱水24瓶，一瓶水2元，那么总共要花48元。然后你乘坐一辆直达长城的旅游小巴，买车票花了20元。到了长城脚下，你买门票花了80元。所以加起来，你总共花了148元成本。然后你得把水搬到长城上。我们假设你身体很强壮，把这个过程当作锻炼，这个过程的成本可以忽略不计。但即使这样，你也至少需要卖掉15瓶水才能回本。

如果你把24瓶水全部卖掉，你就能赚92元，似乎也还可以维持生活。但是事情没有那么简单，也许有一天当你坐车到长城之后，你发现下雨了。那么你买的24瓶水就卖不出去了，你付出了买水的成本48元加上车费20元——假设你此时还没有支付长城的门票——等于你一共亏了68元。也许你可以把水搬回去，留到明天再卖，但是明天你还是需要坐车。

我们在考虑进行任何商业活动的时候，我们都知道基本原则是"低买高卖"，但是你能不能低价买进来，能不能高价卖出去，这是有不确定性的。

商业本身就是要应对不确定性。

商业的变化性

当你在长城卖水的时候,旁边有一个小姑娘看你在卖水,她觉得这个点子很好,她也把水从城里的便利店运到长城上卖。假设这个时候长城上人流有限的话,你今天就有可能卖不了24瓶,甚至连15瓶都卖不掉,你就会亏本。

这个例子可以跟企业的基本运营类比。

它们都是把基本的原料或零部件从供应商那里买进来,然后通过自己的生产加工,将原料或零部件变成产品和服务提供给消费者。

你从便利店把水买进来,经过你自己的服务,便利店的水被变成了客户可以在长城上买到的水。这个过程看似很简单,但实际上它涉及了商业的三要素。

商业的三要素

商业的三要素,即产品流、信息流、资金流。

● *产品流*

你必须把水从全家便利店搬到长城上,在长城上卖到游客手中。这就是产品流。

现代物流业的蓬勃发展是对商业社会产品流的有力支撑。

● 信息流

你得先知道便利店有你想采购的水,这是采购的信息。你把水搬到长城上以后,你并不知道哪些人需要你的水,那些需要水的人也不知道你在卖水。你可能会竖一块牌子,上面写着"清凉矿泉水 10 元一瓶",游客看见了就有可能买你的水。你也可能在现场吆喝:"卖水了,卖水了!清凉矿泉水 10 元一瓶!"于是,信息就在你和客户之间流动。

随着互联网的发展,信息无处不在,而且信息流在产品流和资金流中都起着很关键的作用。

● 资金流

到便利店的时候,你需要先付钱,当你把水卖给游客后,你才能从游客那里收到现金。

经营企业一般也是这样,企业在购进原料的时候需要支付一笔钱,然后在运营的过程中,当把产品卖给客户的时候,就会从客户那里把钱收回来。

但是人们也可以好好设计资金流,现在很多的互联网汽车公司把资金流设计得非常有利于自身的发展。蔚来汽车和理想汽车都是先通过网络把汽车卖出去,几个月之后,再把产品交付给用户,这样它们就可以拿客户支付的这笔钱去向自己的供应商买货了。此外,通过一些金融手段,资金流也可以千变万化。

我们用一个小的商业案例，介绍了商业的本质。做生意的基本原则是"低进高出"，但是我们不能仅仅考虑我们看得到的成本，而是要考虑为提供产品和服务、满足用户所需而花费的全部成本。

商业运营的本身有三要素，即产品流、信息流、资金流。只有将这三要素设计好，企业才能有效地运转。组织需要面对不确定性和变化，因此商业运行的具体形式是随环境、时间等条件的变化而变化的。

什么是商业模式？

同样是卖水，便利店卖水的方式和你在长城上卖水的方式非常不一样。同样是想为客户提供饮水服务，卖水的零售商和生产水的厂家的运营方式更是不一样。这里就涉及了商业模式的概念，这个概念在最近几年随着大众创新的浪潮变得越来越火热。

商业模式的概念

那么，商业模式究竟是什么呢？商业模式是指：企业为了给特定的用户群体提供以产品和服务为载体的价值，所采取的一系列交易结构。企业通过这一系列的交易来盈利，从而得到可持续发展。实际上商业模式这个概念涉及四个问题：客户是谁、为他们提供什么价值、如何提供这种价值、如何赚钱。

三大商业模式

现在人们的阅读需求已经可以通过很多方式来满足，我们以阅读服务为例，来看一下几种常见的商业模式。

● 实体书店

实体书店为读者提供纸质图书售卖服务，读者就是书店特定的客户群体。那么书店如何提供这些服务呢？很简单，就是在读者经常经过的地方或者读者很方便到达的地方开一家店，然后告诉读者："这儿有一家书店！"书店经营者把书从出版社买进来，然后供读者在逛书店的过程中选择购买。

大家想一想，我们前面说过的商业的三要素——产品流、信息流、资金流是如何运转的，就可以想明白书店是如何盈利的。书店把卖书得到的钱，减去成本（这个成本不仅包括买进书的花费，还包括店租、员工工资、折旧费等全部成本），还有剩余，那就是它的盈利。

这就是实体书店的商业模式，这种模式一直存在，但是现在已开始逐渐衰退。不过也有例外，我们在后面会提到。

● 网上书店

现在大多数人都极少去实体书店买书，都是去网上书店买书。那么网上书店的商业模式是怎样的呢？

我们同样把书从出版社买进来，但是我们不用在人流密集或是客户方便到达的地方开店，我们可以在一个偏僻的地方找一个仓库，从而大大地节省租金成本。当读者在网上选好书并且支付完以后，我们可以通过快递公司把书交付到读者手上。

● 数字阅读

在网上书店模式下，读者仍旧在阅读纸质书。但是我们仔细想想，读者需要的是什么？读者需要的是书、是书的知识内容，以及阅读的体验。这就意味着，读者想了解某一方面的知识，并不一定要通过纸质的书。于是现在很多公司都开始做数字阅读业务，数字阅读迅速发展。

清华大学的一位校友叫童之磊，他在2000年的时候参加了一个商业计划大赛，他设计了一个关于互联网出版的商业计划。他创立了中文在线，中文在线专门从事数字出版业务，经过10多年的发展，已经在深圳证券交易所上市。

那么这家公司是如何为读者提供阅读服务的呢？

公司的经营者把出版社的版权买下来，或者跟作者商量，买下作者的版权。公司把电子版图书直接放到网上，读者通过电脑或手机在网上直接点开这些电子书来进行阅读。然后公司通过网上支付手段来收取费用。

在这种模式下，没有了租店或者租用仓库的环节，经营者直接从出版社那里买得电子版图书内容，然后通过自己的运营，让读者直接在网上进行选择。读者选完了以后，不仅产品本身是电子化的，而且资金流也是通过互联网的方式来实现的。

为了达到信息流的目的，电子书公司需要通过营销，比如打广告，来让读者知道它所拥有的图书。

同时，书店的经营者需要有效地管理电子书网站，清楚地了解图书的种类，并为读者解决阅读中产生的问题。

交易结构

这三种不同的商业模式都有自身的交易结构。

交易结构就是指企业的经营者把成本放到了哪个价值环节。

在企业这一端：实体书店是向出版社买书；网络书店也是向出版社买书；但是像中文在线这样的数字出版公司买的并不是实体书，它依照电子书的购买量与出版社分成。

在读者这一端：当读者去实体书店买书的时候，实体书店很少打折；但是读者在网上书店买书的时候，则可以享受很大的折扣；如果读者选择数字阅读的话，很多时候，他只需要充值做会员，就可以阅读很多很多的书。

三种不同的业务模式，决定了三种不同的交易结构。每种交易结构,都是为了给读者提供阅读这种服务。采取这三种商业模式的企业都试图通过这样的方式来盈利,来获得可持续发展。

企业之间的竞争

商业模式本身没有考虑竞争,很多企业都可以采用同样的商业模式。

那么,为什么要考虑竞争呢?这是因为,在市场经济条件下,只要你觉得这是一个挣钱的买卖,你就可以去做,大家都可以去做,你的商业模式大家也都可以学。这样你就会有很多竞争者,竞争者一多,即使你采取了很好的商业模式,也会从原来的盈利变为不盈利。

我们把"竞争"这件事情带入业务的设计和规划中,就形成了企业的经营战略。

商业模式就是交易结构。商业模式涉及的四个问题是:客户是谁、为他们提供什么价值、如何提供这种价值、如何赚钱。

什么是企业战略？

企业战略的概念

"企业战略"这个词在20世纪90年代中后期被引入中国。那时候有很多人不理解这个词，认为"战略"是一个军事用词，怎么能被用在企业管理上呢？

"战略"确实起源于军事。英文中的"战略"起源于古希腊，它是由两个词根组成的，一是军队，二是率领。这个词就是说，一个领导人如何领导一支军队去打仗。

而在中国提"战略"，人们往往会想到《孙子兵法》。《孙子兵法》里说过："故善用兵者，屈人之兵而非战也，拔人之城而非攻也，毁人之国而非久也。"这句话的意思是，要通过全面而周密的谋划来获得军事上的优势。

因此，所谓"企业战略"，就是指企业为实现长期、根本目标投入必要的资源，采取一系列的行动。这就是企业战略的基本定义。

企业战略的特征

企业战略具有以下两个特征。

● 全局性

战略在一家企业、一个组织中具有全局性。全局性，就是指战略涉及企业的各个部门，其中有一些部门可能会为了全局的目标而做出一些牺牲。

早期，在手机行业的竞争中，厂商们都推出了很多款产品，而它们的竞争对手也推出了很多款产品。一些比较聪明的企业往往会对占自身销售额比例较小的产品进行降价。因为这些产品虽然对它们自身来说占销售额的比例不高，但是对于它们的竞争对手来说，却可能在销售额中占很大的比例。那么降价对它们来说损失很小，但是对于它们的竞争对手来说，损失就可能很大。

这就是一个整体和全局的关系。我通过降价获得相对较大的市场份额，然后再依靠一些独特的产品来获得收益。这样的话，我的企业就能在市场中获得竞争优势。

● 长期性

战略一定是长期的。因为战略的形成和实施过程是需要时间的。

比如要建立自身的技术优势，我们就需要投入资金进行研发。在进行研发的早期，我们只能看到消耗而看不到收获。只有等技术研发成功并且产品在市场上大卖之后，我们的战略优势才能显示出来。

在之前的投入过程中，即只看见花钱看不到赚钱的时候，作为领导者要做到心中有底,因为这是一个长期的战略措施,需要坚持。

这就是企业战略的两个特征。

战略是企业制订的基本行动方案。企业通过对基本行动方案的实施,达到自己的目的,在市场上获得竞争优势。战略是围绕企业的目标设定的。

企业的目标不同,人们观察企业的视角也不同。在现代社会中,关于企业的目标,尽管人们有一些争论,但是也有一些比较一致的看法,即企业是能够满足利益相关者需求的营利性组织。

明确认识这一点对设计和落实企业战略来说很重要,因为在一个竞争的环境下,企业的目标是通过自己的产品和服务,在市场中盈利,所以盈利就是企业在战略设计和执行的过程中一个非常重要的要求。

企业战略的制定解决了什么问题？

企业战略实际上回答了四个问题。

What：提供什么产品和服务？

企业必须试图满足客户各种各样的需求，即使需求是大同小异的，企业也会通过提供不同的产品和服务来达到满足客户需求这一目的。以阅读服务的案例为例，我们看到两个完全不同的定位：一个是经营者提供书的售卖服务，把书卖给读者；另一个是经营者为读者提供阅读服务，而阅读服务不再是通过纸质书这个载体来实现的。

Who：为谁提供产品和服务？

记得在20世纪90年代中期的时候，我问一位台湾鞋业企业家为什么要来大陆发展，他跟我说，大陆的市场潜力很大。"你看大陆多好，有十几亿人口。我就做鞋卖给他们，只要一个人买我一双鞋，我在每双鞋上赚一块钱，我每年就会收到十几亿。"

这件事情当笑话讲讲是可以的，但是如果以这种思维模式来制定企业战略，就会得到一个饱受质疑的战略。

这种给大陆十几亿人每人卖一双鞋的思路太过粗糙，并不现实。一些追求漂亮的女性,一年可能会买四五双鞋,甚至 10 多双鞋。但是在西部的农村,可能有人 3 年也买不了一双鞋。

因此,企业不可能服务所有的人,企业一定要选择一些人作为企业的客户。那些有消费能力并且愿意买鞋的人才是你真正的客户群。所以你要定义自己是为谁服务的。

How:如何提供产品和服务?

联想早年决定进军家用电脑市场的时候,清晰地定义了两件事情。

● 电脑的来源

联想要为中国有能力购买电脑的家庭提供电脑,那么它如何提供电脑呢?这里就涉及两种提供电脑的方式。

第一种方式是,联想购买惠普的电脑,再将惠普的电脑卖给中国家庭;第二种方式是,联想购买电脑零件,然后将它们组装成电脑来卖给中国家庭。第二种方式成为联想为客户提供电脑的主要方式,它为联想大大节省了成本,也让联想电脑的销售价格更有吸引力。

● 将电脑出售给中国家庭的方法

销售有两种模式,分别为直销模式和分销代理模式。

直销模式,即要在全国各地开店,直接面对中国家庭,然后一台一台地卖;分销代理模式,是通过找到有销售能力的合作伙伴,让代理们各显神通地将电脑卖给中国家庭,而销售电脑获得的利润由联想与代理们分享。

联想的分销代理模式使家用电脑迅速在全国铺开,而且还由此诞生了神州数码这家公司。

这两点是联想向客户提供产品和服务的关键环节。

Why:为什么客户会选择我(持续的竞争优势)?

这个问题是最重要的,却也是人们最容易忽略的。

在市场竞争中,客户的需求对于所有厂商来说都是平等的,而企业所采取的商业模式也可能会被别的企业模仿,那么客户为什么要选择购买这家企业的产品和服务呢?这就需要企业要造就一项或多项持续的竞争优势,使客户从琳琅满目的产品和服务中持续地选择自己的产品和服务。

很多创业者往往只关注了前三个问题,他们能针对特定的客户群体提供产品和服务,并且能从原材料到销售端为这种产品和服务设计全面的、完美的流程。但是他们对竞争因素关注不多,在市场上并不能让客户持续地选择自己的产品和服务,也就是不能持续地盈利。

在设计战略的过程中,一旦考虑到竞争,就势必要考虑到自身独特的、别人不易模仿的能力、优势或者模式。只有具备了这些,才能在市场竞争中获得可持续发展的竞争优势。

当我们在看企业的经营战略时，我们要多思考这四个问题：它提供什么产品和服务，它针对的客群是谁，它是如何提供这种产品和服务的，以及它为什么能够持续地为这些客户提供产品及服务，并获得盈利。

将这四个问题思考清楚以后，我们就能够理解这家企业的战略。

制定战略时要考虑什么因素？

企业制定战略的过程

企业家或企业的战略规划部门制定企业战略的过程是怎样的呢？通常有两种方式。

● 自上而下

企业领导者制定了整个战略，然后企业各部门对这个战略进行分解执行。这就是自上而下的领导者的战略规划。

● 自下而上

企业各个部门通过讨论、沟通和交流一起来制定企业战略，并且让这个战略得到执行。

这两种战略的制定方式各有优劣,无论哪一种制定战略的方式都要考虑企业面临的外部和内部因素。

与企业战略相关的因素

● 外部因素

关于外部因素,我们需要讨论四个方面——客户、供应商、竞争者、配套厂商,即企业利益相关者。

(1)客户

客户对企业经营的重要性是毫无疑问的。企业针对不同的客户,可能有完全不同的策略,做业务的难易程度也会非常不一样。

当企业直接面对家庭和个人消费者用户的时候,企业一个一个积累用户,这对企业资源的消耗会很大,但是一旦形成企业稳定的客户群,企业的谈判优势就会大一些,相对于个体消费者来说会强势一些。

相反,如果企业——例如为企业提供原材料或是零部件的小型创业公司——的目标企业很大,这时候找到自己的竞争优势,让大企业持续从众多供应商中选中自己就变得很困难。

这就是俗语说的"店大欺客""客大欺店"。因此,企业与客户之间的相对关系决定了它在制定战略时对自己的定位。

（2）供应商

我们和供应商的关系实际上与我们和客户的关系互为参照系。

也就是说,当我们要做一个产品或提供某项服务时,需要一些关键的原料、零部件或技术。那么这些关键的原料、零部件或技术从哪里来呢?

企业要考虑供应商的因素,否则就有可能无法提供产品和服务,无法兑现对客户的承诺。

（3）竞争者

这里的竞争者既指现存的竞争者,也指潜在的竞争者。

大概在2013年的时候,阿里巴巴认为即时通信工具很重要,于是做了一个叫"来往"的产品。用过来往的同学跟我说过,其实来往的有些功能比微信要好,但是来往后来并没有像微信那样被人们广泛接受。因为在来往之前,微信已经在用户中形成了所谓的"竞争壁垒"。因此在阿里巴巴做来往之前,它需要考虑竞争者的势力有多大,自己有没有办法来应对竞争者。后来阿里巴巴以中小企业办公信息化为切入口,开发了钉钉,终于在即时通信产品市场中占有了一席之地。

还有一些是潜在的竞争者。在商业计划大赛的评比中,我经常会看到非常有创意的主意。我经常向参赛者提这样一个问题:如果你这个产品做得很好,刚开始拥有百万左右的用户,与你竞争的三家企业也要做这个产品,甚至百度、阿里巴巴和腾讯都要做这个产品,那你该怎么办?很多同学都会认为自己的产品没有竞争者。但是现在没有竞争者,不代表没有潜在的竞争者。当这些潜在的竞争者进入这个行业的时候,它们可能会完全破坏你的竞争优势。

(4)配套厂商

配套厂商在商业生态系统形成后会变得越来越重要。

比如,20世纪90年代随身听卖得好不好,不仅取决于质量,更取决于市场上有没有能满足客户需求的配套磁带。现在各种音乐播放器遍地开花,但是这个行业竞争的关键点变成了能不能拿下音乐版权,有更多更好的音乐提供给客户。

2000年,"电商"这个概念就已经存在了,但是在那个时候电商并没有发展起来。因为虽然当时的技术已经可以支持电商和客户在网上交易,但是产品流是个问题,没有人能帮助电商把产品安全、快速、稳定地送到客户手中。因此,物流和配送企业就成为电商的一个重要的配套厂商。当物流系统完善了以后,电商在制定战略的时候就有了很多便利条件。

这就是我所说的"外部因素"——客户、供应商、竞争者、配套厂商——企业要考虑这些外部因素与自身的关系。

这与哈佛大学的迈克尔·波特(Michael Porter)教授研究的"五力模型"有些类似。现在有好多学者评论说,这个模型有点过于静态化,有点过时,但是它可以提供一个思考的角度。

外部因素只是为企业提供了机会,至于企业能不能抓住机会,还要看企业的内部因素。

● 内部因素

企业的内部因素主要是指,企业的资源和能力能不能使企业抓住机会,适应竞争的要求。这些资源和能力有三个具体方向。

(1)有形资源

例如,企业准备自己给消费者生产电脑的前提是,企业至少要有生产线、生产技术,以及管理生产流程的能力,这就是所谓的"有形资源"。

在一些重要的领域中,这种资源和能力会形成一个非常大的竞争壁垒,你在竞争中就可能占优势。

(2)无形资产

例如,可口可乐独特的配方使其在商业竞争中占据了优势。

又例如,小米在进军外国市场,尤其是印度市场的时候,遇到了专利门槛。

再例如,前面提到谷歌和联想收购摩托罗拉手机业务,都是为了能使摩托罗拉的手机专利成为自己企业的优势资源。

(3)人才和组织资源(特别是领军人物)

企业积累的运营经验及关键人物——例如企业家、重要的管理层成员,是别的企业没有办法在短时间内快速复制的。

联想在中国的家用电脑市场上取得的成功，使很多企业——比如 TCL、北大方正、清华同方——纷纷开始效仿它。

北大方正在技术上是非常厉害的，它原先是做数字排版系统的，从技术上来讲，这个系统远比家用电脑复杂得多。北大方正在数字排版业务的发展速度下降了之后，就想找到新的增长点，家用电脑成为它的新目标。

我们通常会想，北大方正能把高技术、高难度的数字排版系统做好，自然也能把技术更简单的家用电脑做好。这个逻辑似乎是可行的，但方正电脑在早期还是经历了很长一段困难的运营时期。它的问题就出在管理团队的经验上。

大家知道，电脑被生产出来之后，性能好和能否被卖出去是两回事。联想的团队最早是以分销代理的模式做销售，因此他们有把电脑通过代理分销系统卖到全国的经验。而方正原来是做数字排版系统的，它的客户都是报社、出版社，全国不过几百家。也就是说，方正原来的业务都是 B2B 业务，只需要找出版社谈合作，方正的团队没有管理一个遍布全国的代理分销网络的经验。

另外，由于北大方正是一个后进入者，它为了跟联想竞争，需要迅速地把代理分销体系铺开，而在这个过程中，往往会出现代理商管理混乱的情况，甚至有一些代理商会欺骗北大方正。

因此，在这个过程中，企业积累的知识、能力、领导者的经验都成了非常重要的资源。

在这一节中，企业在制定战略的时候需要考虑的外部因素包括客户、供应商、竞争者、配套厂商，需要考虑的内部因素包括有形资源、无形资产、人才和组织资源。

企业竞争战略有哪些基本类型？

在这部分，我们会介绍一些典型的竞争战略，供读者参考。

成本领先战略

● 什么是成本领先战略？

成本领先战略是指，在针对同一个市场进行竞争的时候，你的企业总比别的企业卖得便宜。在产品质量相同的情况下，价格优势会带来更多的客户。

例如，联想在总结自己电脑业务发展初期的战略时，就称自己是茅台酒的质量，二锅头的价格。联想电脑在质量上能与IBM、惠普的电脑相媲美，但是价格却比它们便宜。这就是成本领先战略。

● 如何实现成本领先？

值得思考的是，为什么有些企业可以采取成本领先战略，为什么它们的成本永远比别的企业低?

(1)原材料

第一个可能的原因是,采取成本领先战略的企业有低成本的生产要素。

例如,在十几年前,很多跨国公司都把它们的生产基地放到中国。为什么呢?因为中国有相对便宜的劳动力和土地。联想自己组装生产家用电脑,也是因为在跟跨国公司竞争的时候有成本相对较低的基本生产要素。

(2)规模

第二个可能的原因是规模。例如,生产100万台电脑与生产10台电脑的成本就非常不一样,即使它们质量相同。因为企业的生产规模越大,企业在购买原料零配件时,单个零配件的价格就会越便宜。生产规模越大,生产线上的固定资源的投入分摊到每个产品上也会越少。

(3)管理

第三个可能的原因,就是企业管理的有效性,这是柳传志先生所讲的"我们需要有在毛巾里拧出水的能力"。也就是说,通过管理、流程优化等手段能够有效地节约成本。

差异化战略

所谓的"差异化战略"是指,企业为用户提供的产品永远是其他竞争者无法为客户提供的。

最典型的例子就是苹果。苹果无论是在电脑还是在手机上，都给客户提供了一个能引领时尚，且别的企业暂时提供不了的产品。苹果使自己的产品在市场中有特别强的辨识度。

差异化不仅仅体现在产品上，甚至体现在整个生产方式和业务模式上。

以孔夫子旧书网为例。它跟别的书店非常不一样：它不提供一般的书，它提供的是一些旧书或者绝版书；它给拥有旧书的人提供了一条售卖旧书的渠道，同时给那些想淘旧书的人提供了一条购买旧书的渠道。孔夫子旧书网通过这个定位，把自己与像当当网这样的网上书店区分开来了，这就体现出了二者的差异。

但是采取差异化战略的企业也面临这样一个问题，就是你如何能保证的你的差异能够持续存在。

很多企业都想模仿苹果手机，虽然苹果有一些特定的资源和特定的门槛——例如，苹果可以通过对专利进行管理来阻止模仿者——但仍然有很多方面可以让竞争者学习，中国的很多企业都学习采用了苹果开新品发布会的模式。

因此，如果企业想要维系自己的差异，就要不断地推出新的产品，提供新的功能。这也就是我们看到的，苹果手机每隔一段时间就会推出新款，这是苹果采取差异化战略的一项重要举措。

聚焦战略

聚焦战略是指，企业没有试图去满足大众的市场，而是聚焦一部分客户，并能够完整地满足他们的需求。这使得对于这部分客户群体，它与别的企业相比有一些竞争优势。

我们还是举手机行业的例子。

我们现在所使用的手机都是智能手机，但是在早些年的时候，手机只是一个打电话的工具。加拿大RIM公司（移动研究公司）推出了的一款智能手机——黑莓，它所定位的客户是一些国际商务人士，这个客户群除了打电话以外，还有通信的需求。这些人经常在全世界飞来飞去，当拥有智能手机后，他们可以更方便地通过手机远程收发邮件。因此在很长一段时间里，黑莓手机在商务人士间都非常流行。

采取聚焦战略的公司还有很多。随着电商对实体书店的冲击越来越大，很多实体书店都面临经营困难。然而在北京中关村一带有一家万圣书园，虽然它也做一些网上的销售，但是它仍有很大一部分实体业务。因为这家书店对人文社科领域非常熟悉，它可以购入很多好书。因此很多对人文社科领域感兴趣的人都想去万圣书园淘淘书，这就使得万圣书园从2000年至今一直在持续运营。

这就是我们所说的"企业竞争战略的三种类型"——成本领先战略、差异化战略、聚焦战略。

那么有没有企业将这三种类型的竞争战略全部采用了呢？理想上每家公司都想设计一个产品性能优越(差异化)、价格很低(成本领先)的产品。这个方案在理论上是可行的，但是在市场竞争的条件下，要同时实现这两点是很难的。当低成本和差异化出现矛盾的时候——例如，要做出差异化的产品需要更多的投入，无法实现成本领先——一些企业会不惜成本追求差异化，一些企业则会为了控制成本放弃了产品的特殊功能。企业会根据自身的战略做出选择，这时不管企业对外倡导的是什么，我们都会看明白企业主要的战略思想到底是什么。

现实商业社会中战略的复杂性体现在哪些方面？

在前面一节的内容中，我们从业务层面分析了公司竞争战略的三种基本类型。但在实际经营的过程中，企业会对这三种竞争战略进行一些调整和变形。同时，以上分析是在单一业务条件下进行的,但是很多公司不仅仅只有一项业务。例如,联想有电脑业务,还有手机业务。小米的业务线更是多到数不清,甚至是跨领域的。这就需要企业在各项业务的基础战略之上,再来建立一套规划和资源配置的体系,这就使企业整体的战略相当复杂。即使企业只专注一项业务,各部门也需要根据总的战略来制定相应的职能层战略,而且还要考虑各个部门间的协作和衔接。

以上分析还有一个最基本的假设,就是企业知道自己所处在的领域有什么产品。

我在前文中提到过电脑和手机的例子,这两者都是已经被普及且被客户所熟悉的产品。企业可以清楚地知道客户的需求。

但是,商业社会也常常会出现这样一种情况,那就是用户有某方面的需求,但是用户不知道那个产品是什么。因此,企业在做战略规划的时候,甚至连自己的竞争对手都找不到。在这种情况下,企业就要开发用户的需求并且使其形成一个行业,引领一个行业。这样的战略更加动态。本书之后的内容会涉及全新的市场和全新市场里面的战略问题,我与杨斌教授所著的《战略节奏》一书对此有更详尽的阐述。

组织的业务线较多,满足市场需求的产品并不一定是现有产品,这些情况造成了战略的复杂性和动态性。

本章小结

本章从商业本质和商业模式出发,引出企业战略的概念,也列举了战略制定常规的流程和相关因素,比较静态地分析了竞争战略的常规类型。但商业社会是复杂的,对企业战略应当进行深入动态的研究和思考。

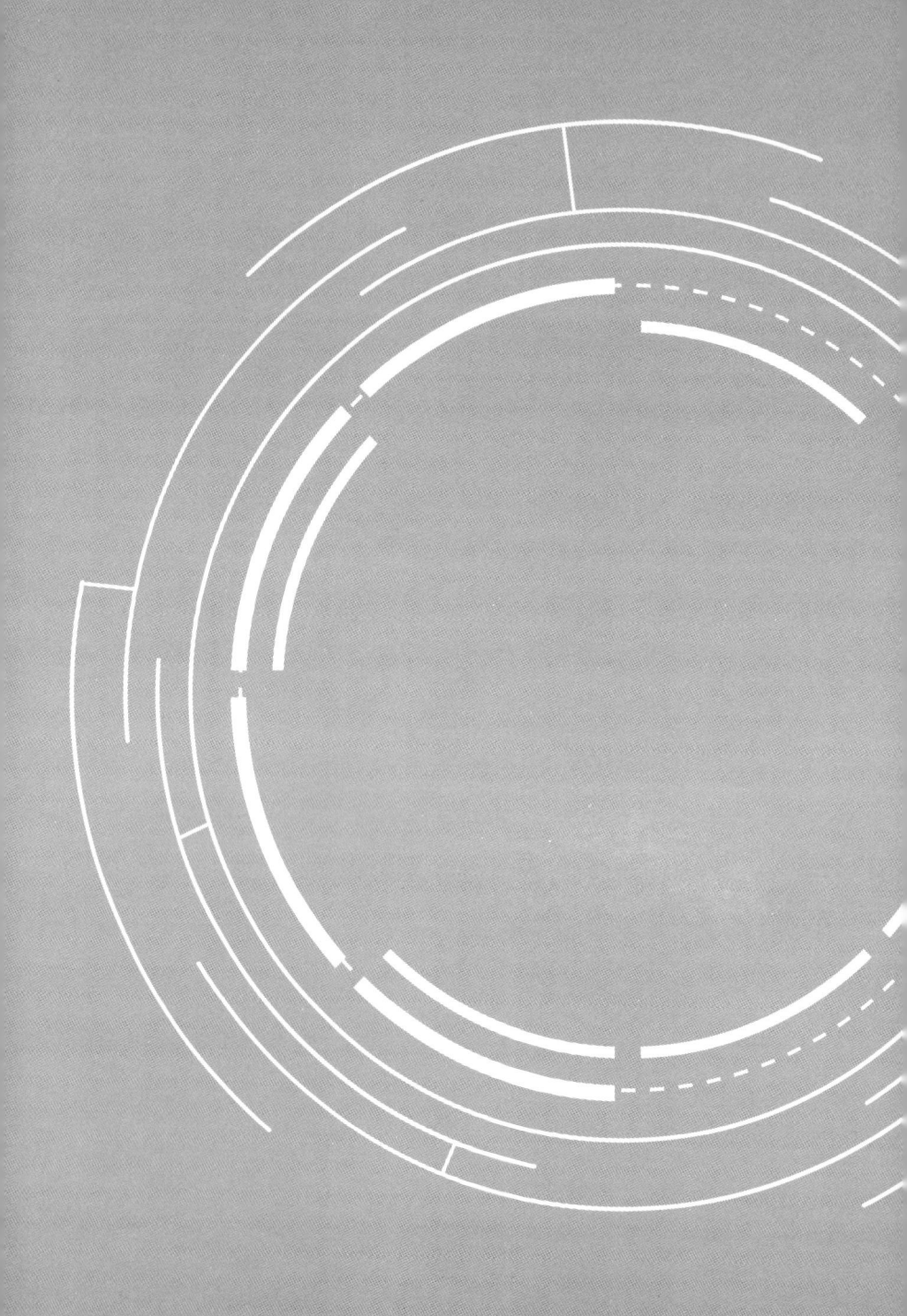

The Second Part

Organizational Structure and Design

第二部分

组织构造和设计

第三章　组织:企业达成战略目标的基本工具和途径

企业为什么要有组织?

前面我们探讨了,企业在一个变动的环境下,应该有一个长期的发展战略,通过这个战略,企业就能在市场竞争中获得优势。

但是,我们还有两个问题未回答:一是,企业战略是怎样落实的;二是,企业内部是怎样运作的。

在上一章中,我们假设企业是个黑箱子,本章就要从组织和流程的角度来打开企业这个黑箱子,来看看战略是如何通过企业的组织来实施的。

说到战略和组织结构的关系,在上一章我们提到过,企业要为客户创造价值,但是深入到企业内部,企业的价值到底是如何生产的呢?

企业价值链活动

将一群人组织在一起从事各种各样不同的活动就构成了企业，而这些活动则共同组成了企业的价值链活动。这些活动包括哪些呢？20世纪80年代，哈佛大学的迈克尔·波特教授曾说过，企业是一个价值链系统。他认为企业的价值链活动包括两种，一种是基础性活动，另一种是知识性活动，这两种活动加在一起共同创造了企业的价值。在本书中，我们将企业价值链活动分为基础性活动与辅助性活动。

● 基础性活动

与企业内部相关的有三类企业价值链活动。

(1) 来料储运

作为一家生产企业，它第一步需要从供应商手中购买原材料和零部件，然后把这些原料搬到企业的仓库中。

(2) 生产作业

接下来就需要安排这些原料进入生产线，来进行生产和运作活动。生产和运作活动的结果就是生成了产品。

(3) 成品储运

产品生成之后，不会从生产线上一下子飞入客户家中，因此企业还需要把这些产品放入仓库中，并卖给消费者。

与企业外部相关的有两类企业价值链活动。

(1)市场营销

市场营销决定了企业对客户的选择、企业为客户所提供的产品的种类,以及企业如何说服客户。

(2)售后服务

售后服务就是指,当客户购买产品之后,企业如何保障产品的质量和将来的维修及其他服务。

因此,企业的基础性价值链活动就是:企业向供应商购买原材料、零部件,将这些原料纳入企业组织的管辖范围,再通过生产加工生成产品,并通过市场营销将产品销售给客户,最后保障售后服务。

但是企业不止有这一类活动,还有一类辅助性活动,是为了让基础性活动能够正常地、有序地进行。

● 辅助性活动

(1)采购

如果没有采购这一环节,不管是原材料还是零部件都无法自动地进入企业的体系范围。因此,采购是一个首要的辅助性活动。

(2)技术开发

技术开发活动不仅仅包括产品的设计和研发这一类与技术相关的活动,还包括企业一切的运行管理技术。

比如会计电算化,这也算一项技术开发活动。

(3)人力资源管理

以上所有活动都是由人来完成的,因此,作为企业的管理者,应该去哪里招聘这些人、应该如何培训激励这些人都是企业价值链活动的重要环节，也就是我们所谓的"人力资源管理"。

(4) 企业基础

企业基础就是指无论是怎么样的企业，都会有财务、法务、总经理这样的基本人员构成。

他们所进行的辅助性活动支持企业将原材料、零部件转换成产品，卖到客户手中并创造价值的整个过程。

通过以上过程，企业就将生产元素变成了产品，销售到用户手中后产生了利润，这就是所谓的"企业内部的价值链活动"。企业正是通过这样的价值链活动来创造价值。

与企业战略相匹配的组织

在这里，我们遇到了一个问题，即企业的价值链活动都是由不同的人来完成的，而这些人从年龄到想法、能力都不尽相同，那么企业是靠什么让员工同心协力，形成一个组织，并完成组织的目标呢？

这就涉及了企业在进行组织设计的过程中所面临的一系列挑战。

企业为什么要有组织？组织就是把员工结合在一起来创造产品和服务的工具。简单地说，组织就是企业达成战略目标的基本工具和途径。

为什么说战略和组织之间是互相匹配的关系呢？

一个原因是,有时候战略的性质决定了组织的性质。

比如说,采取差异化战略的企业通过领先的技术使自身在市场中获得竞争优势。这种战略势必会要求企业自身具有非常强大的研发能力、非常浓厚的创新氛围,以及重视研发的完整的组织体系。大家很难想象一家对技术一无所知的企业去开发一个高新技术产品。

另外一个原因是,对于一些已经成型的企业组织来说,它本身的组织结构可能会制约它的战略选择。

一家企业中的员工都来自西部的一个省份,并且该企业的整个运营都集中在该省份内,它的员工没有国际化的经验,甚至没有与外省进行贸易的经验。可想而知,如果该企业想成为国际一流企业,在国际市场上与其他跨国公司竞争,优势是非常小的。

在市场的发展过程中动态地规划战略和组织,使两者共同演进,是组织演进的基本方向。

在本节中,我们明确了企业内部的价值链活动。企业战略会对企业组织提出要求,当然,企业组织也需要结合自身实际情况来进行战略的选择,来决定"有所为,有所不为"。

组织起到了哪些作用？

组织的基本作用

组织有三类基本作用。

● 界定组织成员的角色

界定组织成员的角色就是指,界定了每个成员的工作,即谁干什么。

企业需要把自己所招聘的员工的角色界定清楚。虽然一些创业型的小公司对于每个人的角色界定可能不是那么清晰,但是它还是会对每个人有一个基本的角色界定。

● 协调成员间的活动

协调成员间的活动,即谁影响谁。

组织是由很多人构成的,或者说至少是由两个及以上的人员构成的。在这种情况下,每个人都会按照自己所认为是正确的方式去工作,于是工作就可能出现各种不同的走向。因此在这个时候,就需要组织进行协调。

例如,在一个球队中,每个队员之间需要相互配合,这就是组织的作用。

- 划定了组织的边界

划定了组织的边界,即不干什么。

组织本身的存在界定了企业的边界。公司里有各种各样的部门,这些部门的职能加起来所能够完成的活动的集合,就构成了企业所能做的全部事情。这就决定了在市场竞争的过程中,企业有哪些事情是可以做的,而哪些事情是不可以做的。

本书在前一章中提到过——制定战略其实是在做选择,企业选择做什么,不做什么。

我们以小米为例。小米作为一个手机厂商,并没有为自己的手机业务设置工厂和车间,因为小米的生产是外包的。而富士康的无论哪个工厂都会设立一个营销部门,因为它自身的主要业务就是代工,营销部门就是为给工厂招揽业务而存在的。

因此,组织本身就界定了自己的业务边界。

组织构成的三大基本条件

- 决策权的分配

第一个基本条件——决策权的分配,即作为企业的管理者要在自己的组织中安排让谁决定做什么,哪些事由谁来决定。这就需要给员工赋能(empowering employees),让他们能做事。

为什么要给员工决策权呢?因为企业作为一个组织,实现目标的过程和流程纷繁复杂,再细的流程规定也无法无缝覆盖,唯一的办法就是让员工能够自主地做决策来完成目标。

那么下面问题就来了,管理者如何知道下属按照他的想法去做事了呢?如何能保证可以实现目标呢?这就涉及了第二个基本条件。

● 奖惩体系

第二个基本条件是,我们在组织内部要建立奖惩体系。建立奖惩体系的目的是激励员工(compensating employees),使员工按照管理者认为正确的方式或者管理者想要的方式来做事。所以如果说决策权的分配是为了让员工能做事的话,建立激励体系就是为了让员工愿意自主做事。

● 绩效评估

第三个基本条件是,当员工拥有决策权,也愿意做事的时候,管理者如何知晓事情的进展状况。企业因此设立了内部绩效评估体系。有了这个体系之后,员工就会知道自己做得如何,如果有做得不好的地方,就进行调整。

组织构成的这三方面的条件是一个相互连接、相互影响的整体,同时相互之间也存在制约关系。但其中最关键的就是,由组织内外部的情况来决定企业的决策权如何分配。

在本节中，我们明确了组织的基本作用——界定组织成员的角色、协调成员间的活动、划定了组织的边界，也明确了组织构成的三大基本条件——决策权的分配、奖惩体系、绩效评估。

组织结构有哪些基本形式？

按照决策权分配的方式，我们把企业组织分为四种基本形式——职能型组织、事业部型组织、矩阵型组织、网络型组织。这些组织形式是以决策权的分配方式为主要依据来进行划分的，所以在奖惩体系和绩效评估体系中也可能存在一定的区别。同时，虽然这四类组织是所谓的"基本组织形式"，但是在现实生活中，很多组织都会根据实际情况进行一些微调，或者是这些组织之间有一些糅合，你中有我，我中有你，这样的组织也被称为"杂合型组织"。

职能型

● 下达命令渠道简单

这一类的组织，最上面是总经理，在总经理下面有各个职能部门，比如研发、生产、销售、财务等，这些部门的人都向总经理直接汇报事务。在这个组织里，只有一个老板，所以命令下达的渠道就特别清晰。因此，这样的形式特别适用于一些简单的小型组织。

● 决策权清晰

采用这类组织结构的企业，每个部门做什么、做多少，都有相应的规则。因此，这类组织结构的决策权也相对清晰。

● 利于发展专业能力

如果某企业是从事生产的，那么它在生产上做得越多，经验就越足，就越可以不断发展自身的专业能力。这对于企业有什么好处呢？这就意味着企业可以利用自身的专业能力来积累所谓的专业经验，然后获得竞争优势。

在这种职能型组织中，工作的划分是相对固定的。对于可预期的业务来说，这种组织会很清晰、很有效率，员工不必再花时间探索自己该做什么、不该做什么。只要有熟知的任务来，就能根据以往的经验快速处理。但是，当企业遇到不可预期的业务，或要进行业务调整变革时，这种组织也会成为制约。

事业部型

事业部型组织与职能型组织从细节上来讲非常相似，一个事业部就是一个小型的、业务较单一的职能型组织，在每个事业部下都有相对独立的研发、生产、销售、财务等部门。这是为了能充分发挥职能型组织决策权清晰、利于发展专业能力的优势，同时，把不太相关的业务分别放到不同的事业部中去，可以使企业新业务的发展不受制约。

● 职责清晰

事业部型组织的优点在于，它划小了责任单元。例如，企业有手机业务和电脑业务，通过搭建事业部型组织，企业可以分别根据不同业务的特点进行战略部署，各个业务的绩效也容易得到衡量，而且每个事业部也能累积各自的业务经验。

● 提高对市场变化的反应速度

手机和电脑这两种不同的产品对于市场周期和竞争者的反应速度可能是不一样的。比如在20世纪90年代的时候，电脑行业的格局变化很快，而近些年智能手机业务才到了蓬勃发展期，两项业务是完全不同的节奏。当主要竞争对手降价了，或者推进新品了，那么公司的产品策略是否也要跟随变化？面对这样的市场环境，企业决策者是需要快速做出反应的。因此，让手机和电脑这两个部门分开决策是非常必要的。

20世纪80年代，国内的彩电市场基本上是由跨国公司，尤其是日本的企业来主导的。到了20世纪90年代，中国的TCL、长虹、海尔等彩电企业都崛起了，其中很重要的原因是，这些企业都采用了事业部型的决策体系。当发现销售情况不好时，事业部就可以自主决定降价促销。而那些跨国企业，比如说日本企业，它们的价格体系是由全球销售部门统管的。当这些企业的中国分部发现长虹降价的时候，也建议降价，但是它们要将降价的建议汇报到企业在东京的总部，由总部的营销部门来决定。当降价决策到达中国的时候，销售旺季已经过去了，它们也就因此失去了市场先机。

类似这样的问题还有很多。因此我们说，事业部型组织可以提高企业对市场的灵活反应能力。

● 促进员工之间的内部协调

这类组织结构还有一个好处就是，可以增强员工之间的内部协作，从而增强员工对这个部门的归属感。我们一群兄弟天天在一起做彩电，你们一群兄弟天天在一起做洗衣机，比较容易形成团队气氛，部门内部问题就比较容易协调。

当然，这种事业部型组织也有一个很严重的弊端，就是特别容易形成山头，即它内部容易形成利益小团体，从而不受整家公司的战略和组织控制。这时候就需要对这一类组织增加新的管理维度。

因此，人们逐渐在这两类比较简单的基础组织形式上发展出了另外两种比较复杂的组织形式，即矩阵型组织和网络型组织。

矩阵型组织

矩阵型组织的汇报关系比较复杂。它的最上面是总经理，有两条线的人都必须跟他汇报工作。一条线是事业部，另一条线是各个职能部门，比如生产、营销部门。比如说事业部A，它下面有生产、销售部门，那么事业部A的销售部门就会出现两个老板：既需要向整家公司销售部门的老大汇报工作，也需要向事业部A的老大汇报工作。

● 更适合产品丰富、业务复杂的组织

那么为什么会出现一种这么复杂的汇报关系呢？矩阵型组织其实是由于业务的复杂程度提升而产生的组织形态，它就是为了有效吸取职能型组织和事业部型组织的优点而存在的。

我们现在假设，有一家洗衣机公司，随着自身的发展壮大，它的产品线越来越多。最早的时候，它只生产单缸洗衣机，到后来又开始做双缸洗衣机、滚筒洗衣机，再到后来每条产品线的款式和型号都丰富了起来。我见过一家家电企业，它有一段时间同时在生产和销售17款洗衣机。那么在这种情况下，对17款洗衣机的生产、营销活动要如何管理呢？一个简单的办法就是，把一款洗衣机看作一个产品，专注该型号洗衣机的事业部会派一个产品经理来负责这个产品从头到尾的全部生命周期，就是这个产品从开发到生产制造、营销，再到最后的售后服务都由这位产品经理负责。就生产职能而言,可能会有五六个型号的洗衣机是可以在同一个车间生产的。总之,对各款式洗衣机的产品线以事业部型的组织形式进行管理更有利于这条产品线的发展和决策,而生产职能部门也可以在洗衣机生产方面积累和发挥优势。

矩阵型组织的好处之一就是,可以将纵向的专业经验与横向的组织协调相结合。矩阵型组织要求它内部的组织机构更加完备,对一件事情的决策权是由两个部门的人共同分享的。

● 利于资源的共用及对市场做出快速反应

很明显,企业的产品线如果比较多,业务比较复杂,事业部型的组织会降低企业业务的复杂度。但是每个事业部里都有各自的服务支撑部门,这对企业来说也是一种浪费,让企业不容易集中力量办大事。矩阵型组织在承袭了事业部型组织对市场快速反应的优势的基础上,对企业的优势资源进行了共享,更有效地利用了大集团的集中优势,而不是将大集团拆分成了一堆小企业。

因此,矩阵组织的好处之一就是,既可以有效地利用职能部门的专业化基础设施,也可以利用事业部结构灵活应对市场的快速变化。

● 利于企业对事业部进行管控

在前面我们介绍过事业部型组织的弊端就是,有的事业部很可能会不受企业战略和组织的控制。但是如果事业部需要企业职能部门的服务和支撑，企业就能更好地掌控事业部的战略，也会更好地在企业层面对各事业部的业务进行整体布局和协调。

我们以上面提到的那家洗衣机公司为例。各型号的洗衣机都需要生产部门来生产，站在每个事业部的角度来看，生产部门当然是又快又好地完成自己的生产目标是最好的，但是当各事业部的生产产量和时间要求有冲突的时候，企业就可以根据企业层面的战略来协调生产计划。例如，A型号的洗衣机只需三天就能被生产出来，且客户关于A型号洗衣机的订单比较急，而B型号的洗衣机要下周才交货，可以缓一缓，所以洗衣机公司可能就会集中力量先生产A型号的洗衣机。又例如，C型号洗衣机是企业战略发展的重点产品，别的型号的洗衣机的生产计划都要为它让路。

矩阵型组织集合了其他类型组织的好处，但是它要求更复杂的组织协调机制，以及完善的绩效评估和奖惩体系与之配合。如果读者想深入了解矩阵型组织，可以参考美国杰伊·加尔布雷斯所著的《如何驾驭矩阵组织：像IBM与宝洁那样运作》。

网络型组织

网络型组织是一类比较复杂，也在近年来比较流行的组织形式。

近年来，经济和贸易全球化后，很多公司的员工已经开始有了跨区域的分布。比如说，某公司的研发中心可能分布在美国、中国、印度等地，这些地方的员工一起合作开发一个产品，这使得公司可以调用全世界最好的专业资源。

但是，这样做就带来了另一个挑战，即这些跨职能、跨地域，甚至跨产品品类的人是怎样共同完成一项业务的呢？这往往是以项目制的形式来实现的。

我们可以用下图来表示网络型组织。

图中间的阴影部分就相当于企业的组织边界。在这里有不同的企业职能，在每个职能里面都有一群优秀的生产制造、营销、客服团队。在需要完成某个项目时，负责人都会从公司内部的专业技能库里去挑选合适的人来为这个项目工作。不仅如此，他们还会把处于企业组织边界的组织——比如将部分工作交给别的组织，于是就有了与分包商的联盟；在面对客户时，有客户的管理团队——也装到这个项目里面。

企业就可以把最好的和最适合的团队和资源用于项目。等项目完成以后，团队和资源都有了更多的积累，并被释放回企业组织中，等待下一个项目的调用。

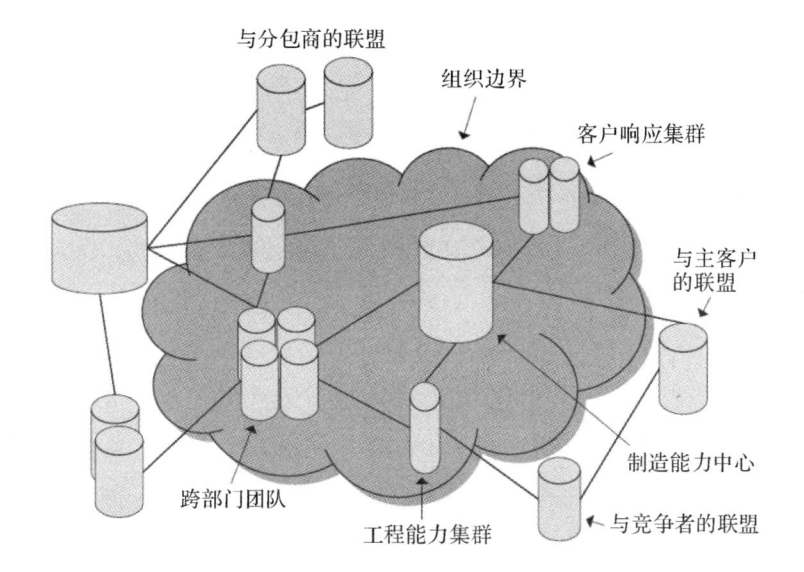

图中标注：
- 与分包商的联盟
- 组织边界
- 客户响应集群
- 与主客户的联盟
- 跨部门团队
- 制造能力中心
- 工程能力集群
- 与竞争者的联盟

摩托罗拉在2008年、2009年的时候就搭建了网络型组织，由中国的团队领导一支遍布全球的工程师队伍，为法国的客户开发一款手机。整个项目的管理和运营由北京研发中心负责，用户界面由法国研发中心负责，底层架构由美国的团队负责，还有一些软件开发工作则由印度团队找来的外包软件公司完成。这样就形成了一个临时性的、在全球分布的协作组织，也就是我们所谓的"网络型组织"。

随着近年来信息技术的发展，原来很多大家觉得复杂的东西，在公司里开始被越来越普遍地使用。

这样的网络型组织打破了传统的事业部型组织或职能型组织

的边界,通过长期的团队和短期的团队之间的相互融合,经验可以在组织内部进行无边界的交流和分享。通过这样的组织形式,企业甚至可以跨越自身的组织边界,与上下游供应商及其他合作伙伴进行分享,来共同形成这种网络型组织。

你如果进入跨国公司工作的话,就会发现它们经常会用到"团队(team)"这个词,而这个团队经常是由一些通过网络型连接在一起的临时性组织构成的。

当然,在管理这样一个网络型组织时,会面临很多挑战。

公司必须要有一个有效运转的、用于信息沟通的基础设施,要在内部有一个能有效运转的、针对专业知识的管理系统。

这两个基础条件是这一类组织能够运行的核心。

信息沟通基础设施的好处就是,将网络上每个节点所受到的外界的影响带入组织,使得这样的网络型组织能更好地适应环境的变迁。

而专业知识管理系统就是为了能够更有效地管理这些知识,即将那些通过完成项目而累积的知识保存下来,使其成为组织的财富。因此,这些经验将不再是个人的经验,不会随着个人的离开而消失。这就是网络型组织通过加强管理所需要达到的目的。

> 为了方便研究,我们抽象提炼出组织的典型特点,并将组织划分为四种基本类型——职能型、事业部型、矩阵型、网络型。各类型的组织应对环境和业务问题的侧重不同。在现实中,只单纯具备某一种组织类型特征的组织要么很小,要么很少,现实中比较多的是杂合型组织。

如何设计科学的奖惩体系?

在前面的内容中,我们从决策权分配的角度对公司的几种基本的组织形式进行了梳理。接下来就是第二个重要环节,当负责人把事情交给下属部门去做了之后,他就需要想办法对下属部门进行奖惩。

奖惩的目的

企业采取奖惩手段的根本目的是,激励员工为企业的长远发展努力施展才华。企业的绩效是企业发展的一项衡量标准,很多人都会很简单地认为,如果下属的绩效好,就对其进行奖励,如果绩效不好,就对其进行惩罚。但是如果奖惩的标准只有这一个维度，这对企业是非常不利的。因为员工的绩效受到许多复杂因素的影响：有时绩效好，是因为员工有能力也足够努力，这是企业提倡的；但有时绩效好则是因为运气，或是员工为了短期绩效牺牲了企业长远发展的利益，这都是企业不提倡的。所以不能只凭绩效指标来定奖惩。

那么在这里就有一个很重要的问题，就是在建立奖励体系的时候，我们应该根据什么？

设计奖惩体系所需考虑的内容

我们在设计奖惩体系的时候，需要考虑三个指标。

● 与企业战略的符合程度

设立这个指标是为了让员工能够向同一个方向前进，而不是在错误的方向上努力奔跑。

根据企业战略，奖惩体系会规范员工的工作范围和边界，符合公司战略的行为是会被鼓励的，不符合公司战略的行为就不会受到鼓励。

而且根据企业的战略，不同的企业会对不同的业务有不同的奖惩权重。

● 与企业想营造的企业文化的符合程度

这个指标可以激励员工采用企业倡导的方式来实现目标。

如果企业文化倡导的是创新，那么企业对于公司内的创新行为就需要进行更有力的奖励；如果企业倡导的是顽强拼搏的精神，那么对于勤奋工作、敢于攻坚克难的员工，公司就会大力奖赏。

是鼓励团队合作还是鼓励竞争精神，是鼓励创新还是鼓励规范……奖惩机制其实是塑造企业文化的重要抓手。如果不从企业文化的角度去审视企业的奖惩机制，企业很可能不知不觉地就拥有了并不适合甚至是阻碍企业发展的文化氛围。

● 业绩

企业最终是要发展的，所以业绩毫无疑问是一项重要指标。业绩指标的设定最关键的就是不要适得其反，出现只重短期利益、不顾长远利益，或为了利益进行恶意竞争等情况。

我曾经的一个学生是一家公司的总经理，他发现公司的销售情况不好，于是就加重了业绩考核指标，规定年销售额超过3000万的团队，每人都会得到一辆汽车。于是，公司所有的销售人员都拼命地去销售，拼命地找客户。到年底时销售业绩果然都上去了，还超额2倍，好几个团队都拿到了汽车。但是到了第二年，第一季度的销售额怎么也上不去，他开始以为是春节的因素，后来到了第二季度，销售额还是很惨淡。经过调查发现，在上一年年底时，很多销售团队为了冲业绩、拿大奖，与客户协商将第二年的一部分采购提前到上一年签订合同，这相当于预支了下一年的业绩。对于公司来讲，这些员工其实并没有真正提高销售业绩，所以这家公司的业绩奖惩指标其实是失效的。

企业设立奖惩体系的根本目的是激励员工为企业的长远发展努力施展才华,奖惩体系同时也是企业落实战略和文化的重要抓手。

企业不仅要依据业绩指标来设立奖惩体系,而且要依据企业战略、企业文化来设立奖惩体系,还要使奖惩体系在个人和团队,甚至部门的层次上有所区分。

怎样合理进行绩效评估?

绩效评估的目的

绩效评估的结果不只是奖惩的依据,更是企业了解各方面工作进展的重要依据。

评估指标的选择

关于评估指标,有经验的管理者会根据公司不同的发展阶段和产业发展的不同状况,做出侧重点不同的选择。什么是企业在当下的产业环境和发展阶段中要重点关注的指标?只有管理者抓住了重点,企业的发展才能高效。

比如,对于一个刚刚兴起的业务,用财务指标评估它可能是不合适的,但是将客户积累作为评估指标,甚至用能否快速迭代出一个新产品作为指标来进行评估都是可行的。也就是说,对这项业务,管理者当前要关注的重点是客户量的积累或产品迭代的速度,而不是盈利。

再比如,在了解员工个人的工作情况时也是一样。一位大学刚毕业的员工,在没有任何经验的情况下做销售工作。如果按结果评估(是否在规定时间内完成销售量或销售额指标),这个员工可能在很长时间内都完不成业绩指标,管理者也不能正确了解这位员工都在做哪些工作、做得如何。但是,如果将销售过程分解成若干重要的环节(比如打电话、拜访、形成意向、签单销售),对没有经验的销售人员进行重点环节的过程考核,管理者就能更好地掌握员工的工作情况,这样的考核方式也更适合员工本人的发展。而对于有经验的销售人员,就没有必要用重点环节来限制销售人员的工作方法和行为,只要考核他最终的销售量或销售额就可以更直接地了解这位销售人员的工作情况。

评估方法

对评估方法的研究近年来出现了很多新的变化,各家企业也进行了许多新的实践。下面给大家介绍几种主要的评估方法。

哈佛大学的罗伯特·卡普兰（Robert Kaplan）教授设计了平衡计分卡——他认为，一家公司如果要可持续发展的话，就应该在若干重要方面达到平衡。管理者不仅要通过财务指标来了解公司的情况，而且还要通过客户指标、内部流程和文化、学习和成长来管理和了解企业发展的情况。

关键绩效指标评估（Key Performance Indicator，KPI）——是公司从自身的整个竞争环境和自身的目标及战略出发，对战略需要进行有效分解之后形成的。

目标与关键成果法（Objectives and Key Results，OKR）——明确目标，并通过设立关键成果来跟踪目标完成情况。目标与关键成果法由英特尔公司创始人安迪·葛洛夫（Andy Grove）发明，由约翰·道尔（John Doerr）引入谷歌使用，在脸书、领英等企业得到广泛使用。2014年，传入中国。2015年后，百度、华为、字节跳动等企业都逐渐使用和推广目标与关键成果法。

绩效评估的结果是了解各方面工作进展的重要依据。绩效评估的目标也影响了绩效评估指标的选择和评估方法的选择。绩效评估不是针对某个人进行秋后算账，而是促进业务发展的有效手段。

本章小结

公司根据自己的战略来设定决策权的分配方式,就形成了公司组织。为了这些组织能有效运转,公司设计了奖惩体系,奖励或惩罚那些符合或不符合公司战略需要的行为及其结果。围绕这个奖惩体系,企业又建立了业绩考评体系,找到了衡量绩效的重要指标,如KPI,再根据竞争的需要为这些重要指标设计目标值。通过这样一个过程,企业形成了业绩考评的循环,这个循环与公司的战略是相适应的。公司正是在这个循环的运行过程中,一步步有了良好的业绩成果。

所以,组织的运转是一个把投入转化成产出的过程。在这个过程中,一切都围绕着组织的战略进行。管理者经过对组织的精心设计和有效监控来完成管理的整个过程。

第四章　创新：实现可持续发展的唯一法则

什么是创新？

在前面几节的内容中，我讲到在一个商业社会中如何来制定战略，如何通过组织和流程设计来有效地实施战略。如果在这一过程中战略实施得好，企业就有可能取得成功。但是战略实施得好不一定保证企业能一直成功下去，因为在很多时候，成功本身也是竞争对手的邀请函。成功会被别人模仿或复制，而且竞争对手很有可能会青出于蓝而胜于蓝。在这个时候，企业会遇到很多压力，为了获得可持续的发展，企业唯一的办法就是创新。

现在"创新"是一个特别热的词：国家反复在说"要建设创新驱动型国家"，媒体们都在说"大众创新""万众创业"，很多企业都在谈创新，学术界也在谈创新。

那么在商业社会中，什么叫作"创新"呢？

商业社会中的创新

20世纪70年代时,苹果计算机特别像一个小的木头盒子里装着的小计算器,但这就是当年最先进、最发达的产品。一段时间之后,苹果又推出了 Apple Ⅰ 和 Apple Ⅱ,这两个产品被装在一个拥有很好的显示器的盒子里,底下还配有键盘。苹果在这个领域继续走下去后,持续推出了 Mac 等一系列产品。不仅如此,它还研发了其他一些非常重要的产品,比如说 iPod 播放器。再到后来,它研发推出了苹果手机和 iPad 平板电脑。

当我们仔细看苹果所有的产品线,从最早的时候开始到后续的整个延伸的过程,我们就会发现一个特别有趣的现象。就是这家公司虽然经历了很多起伏,但是它之所以能发展到现在的规模,就是因为它在发展的过程中持续地创新。很多的创新最后成功了,就带来了新的产品的变化、业务模式的变化,甚至重新定义了整个行业。

20世纪70年代,苹果是一家做个人电脑的公司,这是它对自身的定义。随着它的不断发展,它又研发出了笔记本电脑,到这个时候,它还是一家做个人电脑的公司。再到后来,它的业务延伸到了服务器的研发上,服务器也是个人电脑的一部分。

苹果发生的一个最重要的变化就是研发了 iPod,而 iPod 改变了人们听音乐的方式。长期以来,人们虽然在使用随身听时也能随时随地听音乐,但苹果在 iPod 里面内置了很多歌曲,创造性地发明了 iTunes,把上游的唱片公司的歌曲放到了 iPod 里面。与以往不同的是:以前你去买唱片的时候,你必须一张张地买,一次性买 10 首歌;但是现在你可以购买任意单首歌曲,而且不需要再把买回来的唱片放到随身听里面,你可以直接通过电脑下载歌曲,下载完成后就可以直接用 iPod 来听。

iPod 体现了一个非常重要的变化,即内容的运营(iTunes)和硬件(iPod)相结合。

苹果决定做智能手机时,将 iPod 的运营思路应用到了智能手机领域。在 iPhone 出现之前,有很多公司都推出了功能性手机,这些手机的主要功能是打电话,但是也有少数一些公司推出了智能手机,比如摩托罗拉。到了苹果这里,它创造性地把一个播放器、一个手机、一个 PDA(Personal Digital Assistant,个人掌上电脑)融合在了一起,形成了 iPhone。这个 iPhone 不仅仅是一个用来打电话的工具,而是一个个人的随身应用数据中心。苹果在 iTunes 的基础上演化出 App Store,吸引了全世界的开发者来为它开发软件,由此为消费者提供了一个基于数据终端的应用平台。所有的开发者都可以在上面发布自己的软件,然后通过消费者在 App 上的消费来获得分成收入。中国也有很多创业者开发各种应用软件供别人在 App Store 上下载使用。

2008 年,苹果悄然把自己公司的名字由 Apple Computer 改为了 Apple Inc,即乔布斯将自己公司的名字由原先的苹果电脑公司改成了苹果,公司名字所定义的领域变得更宽泛了。因为此时此刻的苹果不再是一家做个人电脑的公司,它围绕信息技术终端推出了一系列应用。

苹果在发展的过程中,通过不断创新使得企业的产品和服务、提供产品和服务的方式,以及企业所在的基本业务领域都发生了根本性的变化。这就是苹果之所以能生存到现在并繁荣发展的一个最重要的原因。也就是说,商业社会中的创新是企业保持长期稳定发展的最重要的基础。

创新的概念

但是到现在我们还是没有解释什么是"创新"。创新就是一项新产品、新技术、新工艺、新方法或是新业务从开发到获得应用,并产生经济和社会价值的过程。

● 新产品、新技术、新工艺、新方法、新业务

在这个过程中,我们强调的是"新东西"。就是指需要把新的商业要素,无论是产品、技术、工艺、方法还是业务,引入商业生态系统中。

● 推出的新东西要让用户接受

新的东西要经过一个完整的商业应用的过程。这句话的意思就是说,我们不仅要开发出新东西,还要让它实现商业化应用。我

在导语中提到过,商业是各向异性的市场主体的一个两合游戏。也就是说,我们推出的新东西要被市场中的用户所接受。

● 产生经济和社会价值

如果我们做了一个产品,且这个产品创新程度高,但是最后它没有产生经济上的价值,比如说对整个社会的经济发展没有贡献、不能让我们自身获利,那么社会就不会持续地、大面积地来接受这个产品,我们也不可能持续地对其进行商业运营。

因此,创新一定要带来经济和社会价值。

创新与其他概念的区别

● 创新与发明的区别

在商业社会里面,创新其实并不简单。可能有人会问,发明是不是创新?发明是创新的一部分,但是发明本身不构成创新。因为只要发明没有在社会上得到应用,就不会构成创新。

● 创新与专利的区别

创新与专利之间又有什么关系呢?

很多人在想到创新的时候都会想到专利,比如在上文中提到过的,华为这样的公司很重视创新,它申请的专利数量和获得的专利数量能够进入全球前10名。但是获得专利并不代表创新,在中国国家知识产权局收到的那么多的专利申请中,有多少获得了实际的应用,并产生了价值呢?大部分的专利都静静地躺在专利库中。

我们甚至可以说,商业史上有大量的例子证明,那些真正创新的人有时可能并不是专利的所有人。

我在第一章中曾提过亨利·福特,他并不是汽车的发明者,也没有获得汽车专利,他甚至因为把福特公司发展得太好了,被专利所有者起诉。

托马斯·爱迪生一生有 1000 多个发明专利,其中能够完整地走向市场、实现商业化的其实并不多,就连灯泡的专利也不是爱迪生本人的。

● 创新与技术含量

可能有些人对创新有一些误解,会问创新是不是需要很高的技术含量。

在过去 20 年里,中国的技术发展水平一直处于追赶的阶段。我们因为技术落后吃了很多亏,因此格外看重技术。20 世纪 80 年代,邓小平同志有一个非常重要的指示,叫作"发展高科技,实现产业化"。其实邓小平的这句话才道出了商业社会中创新的本质,即只有在"发展高科技,实现产业化"以后,才算是经过了一个完整的创新过程。

在商业社会中,也曾出现过一些看起来并没有那么高的科技含量,或者说技术含量并不高的一些创新,但它们却产生了巨大的社会价值和经济价值。比如,商业现在达到如此高的全球化程度,其中一个很重要的原因就是产品和贸易的全球化，而它的核心基础就是集装箱技术。我们现在拿到的 iPhone 可能是在中国生产的，但是零部件和原材料可能来自十几个国家，这个过程严重依赖集装箱技术的发展。集装箱技术本身并不是一项技术含量特别高的创新，但是它给社会创造了巨大的价值。

> 总体上来说，在商业社会中，创新是一个通过完整的商业过程，使一个新的东西创造经济和社会价值的过程。

创新有哪些种类，各自会产生怎样的影响？

商业社会中有那么多创新，比如在苹果的例子里面，我们提到了苹果的电脑、iPod、iTunes、iPhone，还有 App Store，那么这些创新都是怎么产生的呢？创新有哪些种类呢？不同种类的创新面临的挑战一样吗？

创新的种类

创新分为四类——产品创新、流程创新、定位创新、范式创新。

在介绍商业的基本定义的时候我提到过,一头是各向异性的企业,另一头是各向异性的用户,商业就是通过一种运营方式把各种各样的企业和各种各样的用户连起来。从单一的企业的角度看,就是企业要针对一类用户来开发一类产品,并把产品卖给他们,通过出售产品来获利。

● 产品创新

产品创新是指产品和服务的变化,即向客户提供新产品、新服务或改进后的产品、服务。例如:苹果公司以前向客户提供 iTunes,现在向客户提供 iPhone;海尔公司最开始向客户提供的是单开门的普通冰箱,现在还会为客户提供双开门冰箱、冰柜,甚至是个性化的冰箱。

● 流程创新

流程创新即依然是同一产品或由同一人群提供的同一服务,但内部效率提高了。企业还给这些用户提供同样的产品,但是产品的生产方式和交运方式变得不一样了。

例如:企业原来依靠人工来生产产品,现在进行了生产线的自动化升级,提高了生产效率;企业原先由自身负责产品的运输,现在将产品的运输外包给运输效率更高的顺丰公司。

这就是所谓的"流程创新"。

● 定位创新

定位创新是指产品购买者和服务对象的变化,即同一产品针对不同的人群。

企业原来生产这一类产品，生产完之后卖给一群顾客，现在企业还是生产这一类产品，但是企业对产品重新定位，把它卖给了另一群顾客。

大家都知道伟哥这种产品是治疗男性阳痿的产品，但其实最早的时候，它是一种被用来治疗心血管疾病的药物，它可以使心血管收缩。只不过后来，生产者在进行进一步的市场调研之后，发现这种药物对于阳痿患者有更好的疗效，于是干脆把该药物的名字改成了"伟哥"，对产品进行了重新定位。

● 范式创新

范式创新是指，全新的、为顾客提供价值的模式，即产品和服务是完全不同的，整个内部或者外部价值链结构也是经过重新设计的。

我在上文提过，企业在提供一个新产品和一项新服务的时候有一条所谓的"内部价值链"，即从原材料进来到最后将产品生产出来并给到用户、最终获得利润的整个过程。内部价值链的重组和创新是范式创新的一类。

还有一类范式创新，就是在社会里面重组商业的整个过程，形成外部价值链上的创新。比如说，最早的时候我们去新华书店买书，到后来我们通过网上书店买书，这是一个创新。再到后来我们干脆不买纸质书了，卖方重新设计价值链，将电子书出售给客户。这就是一个完整的范式创新，因为在这个过程中不仅仅涉及出版商,还涉及作者,以及实体书店、网络书店等营销渠道。

所谓"范式创新",它要么改变了企业内部的价值链结构,要么改变了整个产业商业生态系统中的价值链结构。

这就是四类基本的创新。

当然了,在真正的商业社会中,有的时候产生的不仅仅是单一的创新,而更可能是若干个创新的组合。比如说,企业原来生产的是高档音响,该产品针对的是高端人群,后来企业觉得自己不应该再给家庭提供音响,而应该给个体消费者提供耳机。在这个过程中,产生了两个创新,一个创新是企业把产品由原来的音响变成了耳机,另一个创新是企业把消费者从家庭变成了个体。因此,在这个过程中,包含了两类基本的创新。

创新的程度

接下来,我们来研究一下创新的程度。虽然邓小平同志曾经说过"越高越好,越新越好",但是有时候,太新的创新成果会给企业在管理上带来很多的挑战。

我们可以按创新的新颖程度把创新分为两类。

● 改进型创新

就是在原有的基础上进行改进,做得更好。

● 颠覆型创新

就是与原来完全不同,做一个全新的东西。

创新的影响

创新程度会对四类基本创新产生不同的影响，也会影响企业和消费者的生活。

● 对产品和服务的影响

比如说，我们把电脑系统升级到 Windows 10，这是在原有的产品上针对同一个用户群推出同一类新产品。这些创新是一系列的。它与前面的产品相比，增加了新的内容，做得更好了。

再比如说，我打算做一个全新的、用语音控制的电脑操作系统。虽然这还是一个操作系统，但是它已经拥有了一个全新的功能。

● 对流程的影响

大家知道，我们往往会向日本的制造业企业学习先进的流程。早期中国企业学日本企业进行流程创新的时候，学得比较简单，比如学习 6s 管理体系，把生产线、流水线一个一个地归置好。再到后来，就变成了向日本企业学习精益制造，例如看板管理、丰田生产方式这些。

前几年，华为在自己的整个研发体系中推行"集成产品创新体系（IPD）"。这个体系几乎涉及了公司所有的部门，把人、财、物、产、供、销全都卷进来了。这就是一个完全不同的、流程上的创新。

● 对定位的影响

小的定位创新就是我们原来所说的细分市场。

企业原来针对普通的中产阶级,现在把市场聚焦于所谓的"城市中产阶级"层面,而城市中产阶级和城镇、农村的中产阶级会存在一些差异。这是定位上的创新。

企业原本是提供高端产品的,后来要走向农村,去攫取金字塔最底层的价值,这对于很多公司来说,是一个定位创新,也是一个非常巨大的挑战。

北大方正由原来做数字排版系统、把数字排版系统卖给出版社,到后来把电脑卖给普通消费者,这就是一个定位创新。而这个定位上的创新会给它带来很大的挑战。

● 对范式的影响

在范式创新上,如果只涉及企业和客户的关系,不涉及别人,我们就把它称为"改进型的商业模式的创新"。

比如早年间人们使用的是便宜的化学复印机,复印机厂商把复印机卖给用户,用户自己就可以复印。这期间施乐也推出了自己的静电复印机,但是施乐很快就发现,自己的复印机虽然质量好,但是成本高、价格贵,所以根本卖不出去。于是施乐就进行了范式创新,它不卖复印机,而是卖关于复印机的服务。顾客每复印一页,就需要支付5美分。所以它在那时候经常把5美分做成西装袖子上的扣子,施乐的员工逢人就说,你只需花这么多钱就可以复印一张纸。这对于当时的顾客来说，是一个巨大的诱惑。

在这个案例中，施乐公司仅仅改变了范式，即它与用户做交易的方式。

最近，我们可以看到一些新的范式创新。比如互联网带来的范式创新，它往往不仅发生在企业内部的价值链或企业和顾客的互动之间，而且涉及更多更广泛的领域。

比如，我们国家现在大力推进"中国制造2025"，在这个计划中我们借鉴了"德国工业4.0"和美国的先进制造业计划。那么这个计划的核心是什么？

我们原来的制造体系，从范式上来讲是一个大规模的制造体系，类似说一个工厂一年要生产300万台电视机，然后在全国各地进行大规模分销。而在将来，该工厂要实现的是大规模的定制，也就是说，这个工厂还是生产300万台电视机，但是它的每个客户都可以按照自己的需要来定制一台电视机。

这样的话，不仅工厂提供的产品不一样了，而且它的整个制造和交付的流程都不一样了，更重要的是，它的整个内外部的价值链都发生了变化。因为每个客户的需求不一样，所以工厂就要为每个客户去设计一台电视机，那么就会把外面的设计带进来；电视机的原材料也可能不一样，因此就可以把供应商带进来；还有就是因为每个客户都不一样，所以每个产品在刚开始生产的时候就跟某一个特定的用户及他的地址、使用习惯产生了联系。

这样一种范式创新可能会在未来 5～10 年内初露端倪。大家可以关注一下海尔最近在做的一些工作，这些工作都在朝着这个方向努力。

创新可以从两个维度来进行分类。

第一个维度是，在哪个方向上进行创新。在这个维度上，我们可以将创新分为产品创新、流程创新、定位创新、范式创新。这四类创新是按照管理难度逐渐增大来进行排序的。

第二个维度是，按创新的新颖程度把创新分为改进型创新和颠覆型创新，颠覆型要难于改进型。

因此，对希望了解商业社会运行的基本概念和体系的人来说，了解创新的分类，能帮助我们观察到不同企业在做创新时遇到的最大的挑战。

创新要经历怎样的过程？

这么多复杂程度各异、管理难度不同的创新，其过程是怎么样的？关于这个问题，人们做过很多假设。

线性模式

● 技术推动型创新

20个世纪80年代之前,人们都认为创新就是由技术推动的。公司投入大量资源去开发技术,然后做成产品,进行批量生产,最后进行销售和服务,从技术出发一直做到用户。这个过程就是技术推动型创新的过程。

● 市场拉动型创新

在20世纪80年代以后,各家公司,尤其是美国公司发现采取技术推动创新的方式会导致工厂生产很多用户不需要的产品。因此,它们采取逆向思维,采取一种市场拉动型创新方式。简而言之,就是公司先去探测用户的需求——这里涉及了很多市场营销和市场调查的手段,我们不展开讲——然后针对用户的需求,去计划如何整合不同的技术,生产不同的产品,从而满足客户的需求。这就是市场拉动型创新的过程。

● 技术推动型创新与市场拉动型创新的异同

这两种创新方式表面上看好像是相反的,但事实上,技术推动型创新如果没有与用户的需求有效结合,就完全不能产生商业价值。反过来,如果不能有效地使用最新的技术和材料,或者即使使用当下最新的技术和材料都无法达成这项需求,那么市场拉动型创新也不可能生产出有商业价值、有竞争优势的产品。

所以,这两种创新的方式虽然推动力不同,但是它们的整个实现过程都具有相似性。两个模式都是线性模式。

● 线性模式的问题

线性模式会带来什么问题呢?

开发部门将产品开发完成后,"扔给"生产部门,生产部门完成规定的工序后"扔给"制造部门,制造部门完成规定的工序后"扔给"销售部门……这样就会出现"扔过墙"的现象,各个部门间相互推卸责任。在这种模式下,各个部门不能进行有效的配合。

链环模式

后来人们发现,可以通过加强这些部门之间的连接和互动来解决这个问题。比如,当用户需求发生变化的时候,就可以把需求的变化带入整个的创新过程。又比如,出现了新的技术和产品时,就可以把这些新的东西带入创新过程。这样就出现了链环模式。

链环模式的上一端是整个市场需求的情况,下一端是公司已有的知识情况。当看到一个市场需求时,管理者就可以先去公司的知识库里找一找,看看能不能找到可用的方法和技术,如果能找到,就进行开发,在开发过程中不断将变动的市场信息和技术信息带入整个过程。整个过程再绕一圈,增加了反馈,这使得技术和市场的知识都能被带进创新的过程,使得创新能够更快地适应变化的世界。

这就是链环模式。

网络模式

在20世纪90年代以后,商业社会发生了很多新的变化。

● 全球化

全球化将导致研发的资源在全球分布。

● 技术复杂化

技术日益复杂,使得没有任何一家公司能够掌握与一个产品相关的全部技术。因此,在很多方面,公司都需要跟供应商进行合作。

由此,就出现了网络模式。

在创新过程中运用网络模式就是要管理和驱动一个复杂的创新系统,在这个系统中,不仅有客户、消费者,还有供应商,甚至竞争对手。

网络模式往往是跨地域、跨职能的。现代跨国公司在全球的创新分布基本上就是一个集中研究的过程,它甚至将价值链上所有的利益相关者都带进来了。

宝洁公司在2000年时遇到了非常大的困难。宝洁公司原本是一家非常注重创新的公司,但是它在那一段时间创新的成功率只达到了原来既定目标的35%。虽然它不断地推出新的产品,但是市场反响平平，它的销售额下降了25%，股价一下子掉了一半。而在这个时候，雷富礼（Alen Lafley）上任，他将公司原来的研发模式（Reserch & Development）改成了联合开发模式（Connection & Development）。

宝洁采取了两项重大举措：

一项是宝洁公司跟分布在全球的很多工程师、科学家，以及各种各样有创意的人连在一起。这是怎么做到的呢？宝洁公司与NineSigma公司合作，在NineSigma上连接全球50多万名各个方面的科学家、工程师，以及各种各样的解决问题的高手和快手。

在这个过程中，宝洁公司就可以将自己的研发问题抛出来，然后让这些人为它提供一些好的创意和解决方案。如果有好的方案，宝洁公司就会去购买，甚至与那些厉害的人达成合作。这样它就与外部世界连接在了一起。

另一项是它建立了一个内部的创新网，让宝洁公司内部遍布全球的与创新相关的人都集中到这个网上，进行互动和交流。宝洁公司还在创新网上做了一个"你问我答"的栏目，在这个栏目中，每个跟创新有关的人都可以提出自己的问题，只要是经过认证的公司内部员工，都可以通过回答问题来与提问者进行交流。

通过这样的方式，宝洁公司的创新模式完全变成了一个基于高速运行的互联网下的、在全球范围内的一个网络模式。

宝洁公司的创新活动取得了非常好的效果，经过这样的改进，宝洁公司的研发水平得到了快速提高。同时，宝洁公司还发生了几个改变：第一个是，它的外部创新从原来的20%提高到了55%；第二个是，它的创新能力提高了60%；第三个是，它的创新成功率直接提高到原来的2倍多，盈利能力也提高了20%。

这就是我们所说的网络模式在创新过程中的应用。

企业对创新系统的管理

无论我们怎么看待这些企业的创新过程，无论用什么词来形容它，都无法避免这样一个事实，就是整个创新的过程越来越复杂，需要管理的人和职能部门越来越多，需要管理的技术也越来越多。这就使得在现代社会，对创新系统的管理成为企业必须要面临的一个非常重要的挑战。

我们可能不能深入地了解这个领域，但是在看待创新的过程的时候，我们会觉得创新的过程是这样的：某人有一个好主意，然后经过研发、生产和销售，最后将产品卖出去并赚到钱。但是在现实生活中，创新的过程并没有那么清晰。甚至在第一步，仅仅只是做出这是一个"好主意"的判断，都可能会花费很长时间。

因此，企业需要有一个办法来管理这个复杂的创新系统。

企业更多的是用聚焦的混乱状态来对创新系统进行管理的。什么叫作"聚焦的混乱状态"？企业在创新的过程中，每步都是动态的，甚至是混乱的。但是，企业的管理者要想一个办法在各个混乱的状态之间留一个节点,使得在这个节点时,企业可以对这件事情进行整理并保存,整理保存完之后再进入下一个阶段。

这是什么意思呢?这就是我们常说的,把整个创新的过程分成若干阶段,无论中间如何混乱,到每个阶段的最后都有一个事先设定的、很好的评估标准和评估尺度,来评估创新的结果。

评估完以后,企业会有三条路。

达到设立的标准,可以进入下一阶段,这是第一条路。

没有达到设立的标准。在这种情况下,又有两条路:第一条路,根据市场变化的情况,取消创新;第二条路,虽然没有达到标准,但是企业认为产品和服务的市场价值依然存在,因此需要回炉翻新。

根据这种方法,企业就可以把混乱压缩在各个阶段之间,不会让整个创新系统变得难以管理。通常各家公司在管理这种非常动态的创新过程时会用到各种各样的方法,比如华为的集成产品创新体系、摩托罗拉的过程门方法等。这些方法复杂程度各异,你只需理解它们的思路是,每个阶段都是一个过程,每个阶段完成之后都会有一个评估,评估完后进入下一个阶段。

从创新到获得市场成功的四个阶段

大致上,从创新到获得市场成功有四个阶段。

● 第一阶段：产品的定位

企业从各个地方搜集创新的主意，并进行审核。审核的内容就是创新的主意是否符合企业战略和市场需要。将创意定下来之后，还需要将为谁做产品、产品的成本、制作产品的技术这几个问题都确定下来。当这些事情都确定以后，就可以进入第二阶段了。

● 第二阶段：开发

开发就是从确定创意到推出原型的过程。有时我们也把它叫作"技术开发"，它的目标就是确保技术上具有可行性。

● 第三阶段：运营的可能性

企业在制造产品时，要确保原料供应的批量和质量，即保证运营的可能性。

● 第四阶段：盈利的可能性

投向市场实现盈利的可能性。

综上所述：第一阶段是产品的定位；第二阶段是开发，通过开发来实现产品的定位；第三阶段是完成生产的过程；第四阶段是实现盈利。

小米手机的开发过程就是这样的。小米获得了很多创意，并思考着要做一个高性价比的、针对"米粉"需求的手机。然后就组建了一支研发队伍，将手机研发出来。接下来，它跟很多外边的供应商进行合作，把生产运营系统都跑通，再通过小米非常擅长的营销手段去营销,最后实现盈利。小米手机的开发过程与创新的过程是匹配的,而且小米产品的迭代速度更快。

我们再来看同样采取此类模式的锤子手机。锤子手机的问题出在哪里?不仅仅是因为时间,更重要的是,锤子手机在运营中出了问题,手机的质量没有办法保证,因此产量就上不去,产量上不去就意味着企业没有办法从供应商那里拿到良好的供货价格,最后导致利润也就上不去。

对创新系统进行管理是一个相对复杂的过程。无论是前面所讲的哪一类创新——即使是最简单的创新,比如定位创新——都要经过从技术到市场的这样一个完整的过程,需要管理技能和组织文化很好地配合。这就是为什么市场上存在那么多创新,而最后真正能体现价值的只有少数。这也就是为什么在国家知识产权局有那么多发明专利,但是真正能够走向商业化的,只是其中的一小部分。

创新的关键之处在哪里？

我们在前面说创新很重要而且很复杂，因此要完成一个有效的创新是很困难的，这就使得很多企业口头上都在说创新，但是实际上却不做。有一个学员曾对我说，他对创新是又欢喜又害怕。如果不创新，就等于等"死"；如果创新，又仿佛是在找"死"。那么对于一家企业来说，创新为什么那么困难呢？

创新的第一个关键

很多企业在创新时找不到市场需求，看不到创新的方向。

企业看不到创新的方向，是因为企业在决定进行产品或业务创新的时候，它过去的成功经验及现在的运营模式是针对现在的主流客户的需求的，如果企业过多地满足了现在客户的需求，就可能无法满足未来市场的需求。因此，企业开发出来的产品就有可能是过时的。

于是，为了解决这个问题，人们就开发出了一种创新方法——领先用户法。

这种方法最早是由麻省理工学院斯隆商学院的教授埃里克·冯·希贝尔（Eric von Hippel）提出来的。这个方法在3M公司经过了最初的实验，后来被很多公司效仿。

这个方法需要企业去寻找市场中的领先用户。什么是领先用户？领先用户通常是在企业所在行业之外的专家，同时也是企业生产的产品的需求者。他们往往在厂商还没有提供新产品的时候，就来探讨未来能满足他们需求的创新产品。因为这些人处于行业之外，所以不太容易被现在的企业及其竞争对手探测到。但是由于他们自身有需求，而且这些需求代表了未来市场的方向，所以他们往往领先了市场几年。企业找到领先用户，就有可能开发出能够适应未来市场的新产品。

早年的时候，3M公司有一个医疗器械部门，该部门有一个非常成功的产品，就是医生做手术时用的皮肤上的薄膜。也就是说，你做手术的时候，把这个薄膜贴上去并消毒，之后在薄膜上面来进行手术，术后将薄膜揭掉即可。这个产品非常好，但是10年了，市场规模一直没有新的进展，于是该部门就想到了领先用户。

那么他们做了什么呢？

第一步，他们弄清楚了自己要干什么，即他们要控制手术过程中的感染，因此最好开发一种最新的薄膜产品。

他们弄清楚以后，就去找文献来看现在有没有什么办法可以让他们达到目的，到哪里可以达到目的。他们还跑到各种不同的地方来调研现在的市场流行趋势，除了在美国调研以外，他们还去了一些相对欠发达的国家，比如印度尼西亚、印度、越南。他们发现这些国家农村的卫生条件非常糟糕,术后感染率非常高,当地的医生就用廉价的抗生素来解决这个问题,因为当地村民付不起太多的钱。

所以3M公司就觉得从市场趋势来看,应该研发一种廉价的、在手术中抗感染的方法,而且不能使用抗生素,因为抗生素用久了会让使用抗生素的人会产生一定的抗药性。于是,他们就确立了这样一个市场目标。

第二步就是去自己的产业以外寻找援助,这种外援对于抗感染有各种各样新奇的方法。

3M公司找到了两类外援:一类是兽医,因为兽医是给宠物治病的,宠物的配合度比较低,因此他们对抗感染有各种各样的特殊经验;还有一类是化妆师,化妆师能为他们提供可以清洗且不伤皮肤的材料。

于是,3M公司经过一段时间的研究讨论,最后开发出一种类似于梳子的手持设备,他们把它叫作"皮肤博士(Skin Doctor)"。因为皮肤博士上面有抗感染的药膏,只要一按,药膏就可以被涂抹在皮肤上,之后医生就可以开始手术。手术结束后,药膏也可以被轻易洗掉。这种产品的创意就来自兽医和化妆师,后来这个产品果然大卖。

在这个过程中,3M公司有两个重要的改变:一是它的目标由研发出一种比现有薄膜更好的、更有商业价值的薄膜,转换成找到一种低成本的、能够更方便地抗感染的方法；二是它找了领域外的专家，针对一个更大的市场进行创新。因此，这个东西被开发出来之后，在广大的发展中国家有了巨大的市场。

领先用户法的精髓就是找到那些极致的领先用户，从他们那里得到启发，创新的目标是开发一个大众市场所能使用的产品。即从极致用户那里获取灵感，然后为大众用户来开发产品。

其实我们国内也有一些企业在使用这种方法。比如，史玉柱当年做征途游戏的时候，就专门找到那些特别的、骨灰级的游戏玩家，让他们来玩游戏，其实也是借鉴了这样的思路。

创新的第二个关键

有时企业虽然看到了创新的方向，却因遇到组织障碍，做不到实实在在的创新。

企业的组织障碍分为企业外的组织障碍、企业内的组织障碍、企业文化方面的组织障碍等。

● 企业外的组织障碍

企业外的组织障碍是指，整个产业价值链或者说商业生态系统中有很多的障碍。

第一，市场中用户的接受度不高。

企业的产品可能很好，但是用户可能不习惯、不接受。比如滴滴打车 App 刚出来的时候，司机不愿意多买一个手机，也不习惯在上面使用滴滴打车App。不仅司机不习惯,客户也不习惯,原来想打车的时候只要在路边招手即可,现在还要提前预约。

第二,价值链体系不配套。

企业外的组织障碍还有可能是整个产业的价值链体系不配套。比如说,最开始做电子商务的8848很快就消失了,这是因为在当时,电子商务产业的价值链体系还没有被建立起来。而现在做电子商务,安全方便的支付系统、快捷的物流系统,价值链的每个环节都已经被打通了。

第三,配套体系问题。

例如,在个人电脑市场,虽然产业链是齐全的,但是产业链的各个节点还不发达,这也会造成障碍。汉王电纸书刚推出的时候,就没有Kindle用户接受度高。因为跟汉王电纸书配套的内容并不丰富,内容不多自然就限制了用户的选择。而Kindle有亚马逊这家靠做图书生意起家的公司的支持,其内容就更容易让读者接受。

第四,政策不配套。

2015年前后人们关于滴滴打车App的讨论,很大程度上反映了原来的出租车政策与公共交通需求不配套的问题。

这就是我们所说的企业组织外部的组织障碍。

● 企业内的组织障碍

很多人会认为,自己的公司已经有了很多成功的经验,做过很多有价值的产品,难道进行创新还不容易吗?事情往往不是这样的。

第一,新产品太多,新产品市场效果差。

组织以前可能成功积累了一些经验、能力和用户,一旦企业要做一个新产品,企业中的各个部门都可能从各种不同的经验和能力积累出发提出新产品的相关规划。对这些意见和建议,如若企业内部无法进行取舍,企业内部的新产品就会越来越多,但是新产品的市场效果会越来越差,企业的盈利也随之下降。

宝洁公司在雷富礼上任之前面临的就是这种状况。

第二,有一致的意见,但是原有的决策和组织体系不匹配。

公司内部虽然就做哪个新产品达成了一致的意见,但是公司内部的决策组织体系与新的业务并不配套。

我在前面的内容中说过,组织有好几种类型——有职能型、事业部型、矩阵型、网络型——每种类型的组织都适应一定的产品形态,所以新产品也可能需要新的、与以往形态不同的组织与自身匹配。而这个时候,如果二者之间不匹配,过去的奖惩体系往往就会使新的业务很难在企业中孕育并发展。

大家知道中国招商银行的信用卡业务做得比较好,而且招商银行是最早开始做信用卡业务的,但它在早期发展信用卡业务的时候也遇到过很多重大的挑战。

银行由总部和各地分行组成,各地的分行都有各自的业绩指标。分行的大部分销售收入来自对公业务,对公业务即为企业提供金融服务。因此分行的业务模式是,找到企业的财务部门负责人或者最高管理层,向他们推销自己的产品和服务。一旦这个过程进展顺利,就能获得该企业的存贷款业务及中间业务。因此对于分行来说,对公业务的盈利是可以预期的,银行的经理、分行行长都非常期待能与中国移动北京公司这样的大客户建立业务联系。

但是信用卡业务与对公业务完全不一样。信用卡是发给个人的,需要很多人接受并使用信用卡。所以在刚开始发展信用卡业务的时候,银行要培育市场,培养大众的消费和支付习惯。在发卡量和活卡量达到一定比例之前,这项业务不仅不挣钱,还有可能赔钱。根据业内经验,如果发卡量达不到 500 万张左右,这项业务就无法达到一定的经济规模,银行就不可能盈利。

于是各分行在做信用卡业务的时候肯定是乏力的,因为哪怕该分行这一年发了 10 万张信用卡,其实也无法盈利。所以信用卡业务刚启动的时候,无论领导怎么动员,各分行对发放信用卡依然严重缺乏积极性。

当时招商银行的马蔚华行长给各分行下了死命令,即在业绩考核时,不仅要考核对公业务,还要考核信用卡发卡业务。如果信用卡发卡业务达不到给定的指标,那么该员工当年的业绩就将被一票否决。

马蔚华行长的这项重要措施就是为了跨越组织体系的障碍,

来发展创新业务。

● 企业文化方面的组织障碍

第一，企业内部求全责备。

在企业文化方面，公司内部的员工因为过去成功了，所以往往容易对新的产品求全责备，不给它一个发展的过程。

当苹果推出了智能手机之后，很多公司也想推出智能手机，而且有的公司甚至已经开发出了产品原型。但问题是，智能手机在刚刚出来的时候，即便是苹果手机也有很多毛病：那时的技术条件导致苹果手机的内存运行效率不高，动不动就死机；操作系统又复杂；还有电池的问题，因为耗电量大，所以电池的待机时间很短。

有很多诺基亚公司的员工就说智能手机这样搞下去没戏，因为那些产品待机时间短，还容易死机，哪个用户愿意要？而诺基亚产品的待机时间很长，可靠性也更高。

但他们没有想到的是，苹果经过不断迭代、改进和开发，内存量越来越大，待机时间也越来越长，更重要的是，应用程序的大量增加使得以苹果为代表的智能手机很快成为市场中流行的产品。而诺基亚的手机业务反而不断走下坡路。

第二，最高领导人犹豫不决。

企业文化方面的组织障碍还表现在，最高领导人犹豫不决，导致企业没有成功创新。

大家知道，柯达当年是传统照相技术市场的执牛耳者，但数字照相技术其实最早也是由柯达开发出来的，柯达拥有数字照相技术的基本专利。

2000年左右，当数字照相技术快要成为市场主流的时候，针对数字照相技术，柯达内部形成了两种不同的声音：一派说，我们要全面拥抱数字照相技术；另一派说，我们的传统照相技术其实还有市场，市场还有很大的潜力。到高层这里，他们就有点犹豫了，柯达还因此走了两条并行的道路，一方面开发数字照相技术，另一方面在传统照相技术方面也持续发力。

当一家公司同时去运营两件事情的时候，最有可能产生的结果就是，没有一件事情能做得很好。更重要的是，随着数字照相技术的普及，柯达不仅把发达国家的市场丢了，连新兴市场也丢了，所以最终柯达只能以破产收场，令人扼腕叹息。

当在创新时遇到这种看得到但是无法跨越的组织障碍的时候，企业从高层到中层的整个组织体系都需要进行战略转型，这种战略转型往往意味着要有一些组织的变革，在后文中我会提到。

创新的关键点有两个：一是方向上的困惑；二是组织内外的障碍和文化上的障碍。明确了创新的关键点，领导者或管理者就更能切中创新在组织中发展的要害。

本章小结

创新是企业持续发展的重要保证，在这个过程中，创新能够创造社会价值，也能为企业创造商业价值。但是创新是一个复杂的过程，管理者需要有效且仔细地管理创新系统。创新系统不仅包括企业自身，还包括企业所在的整条价值链、企业所在的整个商业生态系统。领导者或管理者要管理创新系统，就要知道创新的方向，并建立一个适应创新的组织。这就是我们讲的商业社会中的创新。

第五章　创业：颠覆行业与社会

什么是创业？

上一章中，我们讲了创新，在这一章中我们会讲另一个热词——创业。

在中国现代商业社会里面，创业成为一个特别热的现象，从中央到各级地方政府，都提出了创业的口号，各个高校都要求创业课进课堂。那么到底什么是创业？在整个商业生态系统中，创业到底有什么作用？它是怎么发生的？这就是我在本章中所要讲的内容。

在这一章中，我会讲解创业的基本概念、创业与整个商业生态系统的关系，而不会涉及创业的完整流程。读完这一章内容后，读者可能并不能直接开公司，但是可以明确创业在商业地图中的位置和作用。

什么是创业？

一提到创业，大家往往会想到白手起家。没错，创业的确是指，在资源较少的情况下从事一项对商业社会有价值的活动。但是既然资源较少，那么怎么才能创造价值呢？创业者能够创业成功的一个很重要的原因就是，他们利用了一个特定的时间窗口——我们把这个时间窗口称作"机会"。

这样一来，我们就给创业下了这样一个定义——创业是突破现有的资源约束，利用机会，在商业社会中创造价值的过程。

当然，在其他情况下，大家也可能会听到有关创业的不同的定义，比如归国留学人员在学术上创立一番新事业，也被称为"创业"，这个创业就跟我现在所讲的创业差异很大。

创业与创新的关系

我们说创业是超越现有的资源约束，利用机会，在商业社会中创造价值的过程。这样一来，就会出现两个问题。

第一个问题在于，在资源较少的情况下，怎样才能创造价值？很重要的一点就在于，创业者要创新，要做出一些跟别人不一样的东西，这样才有可能比那些拥有无限多资源的人创造出更多的价值，也才能完成一个完整的创业过程。所以创新是创业的基本手段，没有创新基本上就不太可能创业。

在这个意义上,创新和创业有时候是连在一起的。我们在说到创业时,往往会说要抓住机会,克服困难,开拓新视野,其实也就是这个意思。

创业的四个要点

在商业社会中,几乎所有的领域都有竞争,既然如此,为什么在商业社会中还存在"创业"这回事,而且还有人创业成功呢?

接下来我们要讨论的是,是什么使得创业成为推动商业社会不断演进的力量?这就要提到创业的四个要点。

● 识别商业机会

第一个要点是,创业的人往往跟一个创业机会相关,如果不是跟创业机会相关的话,就不可能对现有的商业生态系统造成冲击。因此,创业者要在合适的时间做合适的事情。

● 整合社会资源

第二个要点是,创业者往往整合和利用了社会中并没有被有效利用的资源。因为那些资源原本没有被利用,所以当他将那些资源好好利用时,就能创造更多的价值。

● 建立新的商业和组织模式

第三个要点是,创业者可能发展了一个新的商业和组织模式。因为他发展的这个模式跟别人的不一样,所以他能够比别人做得更好。

● 创造并分享价值

第四个要点是,虽然创业者没有资源,但是他利用别人的资源创造了价值,并且他会跟别人分享这个价值,因此会有越来越多的人愿意支持他,愿意跟他合作,这也使得他能够不断继续他创业的旅程。

这就是商业社会中,创业能够存在,甚至在个别的情况下还能对那些运营良好的大企业造成冲击的一个重要的原因。

创业:突破现有的资源约束,利用机会,在商业社会中创造价值的过程。

创业的四个要点:识别商业机会,整合社会资源,建立新的商业和组织模式,创造并分享价值。

发掘商业机会要从哪些方面着手?

创业往往起源于一个机会。那什么是商业机会呢?商业机会就是在有利的环境条件下,孕育出的对某一类产品、服务的新需求。也就是说,当市场发生了某种变化的时候,这种变化便孕育出一系列好的条件，使得原来不能做的事情或者原来不能发展的业务，有了发展的可能。在这样一个体系下，作为一个创业者，就有可能比别人更快地看到这一点。这样创业者在做一件事情时，就有可能做成。

从这个意义上来说，商业机会往往跟特定的时间窗口相连，就是人们通常所说的"过了这个村，就没那个店"。在联想起家的那个时代，商业机会就属于那些解决中国经济物资短缺问题的人。

那么商业机会到底来自哪里呢？商业机会来自变化，没有变化就没有机会。

商业社会是一个竞争的社会，每个市场都被占领了，因此如果没有变化，就不会有新的机会。

社会变迁的趋势

● 经济变化

一旦社会发生变化，人们就会产生新的需求。比如说，大家以前能在国内买一点好东西就不错了，但是现在大批消费者会海淘产品，一些中国游客甚至还专门跑到日本买马桶盖。

这就是整个社会经济发展水平导致中产阶级兴起所带来的变化。这个现象所带来的商业机会还有很多，比如旅游业、高端教育（出国留学）等领域都是随着经济的变化而发展起来的。

● 人口结构变化

独生子女政策导致中国比许多发达国家更早进入老龄化社会。在中国社会中,老年人口在社会人口中的比例增加,独生子女扶养老人的压力会增大,因此与养老相关的商机就会开始出现。

● 技术变化

技术的变化也会催生很多新的机会。原来在互联网不那么发达的时候,我们如果想要购物,必须去实体店,而现在因为互联网技术的发展,人们产生了大量网上购物的需求。因此网店这种新的商业机会就出现了。

● 政策和管制的变化

最近,环保部门加强了对环保的督查,要求各地加强对污染的执法力度。这样就使得那些与环保相关的技术、产品、监测服务领域出现新的机会。

未被解决的问题或未被满足的需求

我们在生活中遇到的那些让我们感到不开心、不方便、不舒服的事情也很有可能会催生商业机会。滴滴的老总说,他之所以会做一个打车软件,是因为有一天他出门打车,在冬天的寒风里招了半天手也没打到车。这件事情给他留下了深刻的印象,因此他就下决心开发一个打车软件。

其实我们每个人在生活中都经历过这种不方便,但是只有那些有创业意识的人才会想到把这些"不方便"变成"商业机会"。比如说,国内常出现"上学难"情况,于是大量的海外留学服务机构、托福培训机构就兴起了;又比如说,国内存在"看病难"的问题,于是像春雨医生这样的医疗机构就兴起了……所有这些"难",在创业者眼中都是商业机会,而正是因为创业者抓住了这些没有被解决的难题,并将其视为商业机会,所以一旦出现新技术或新方法,他们就会抓住这些新技术、新方法解决问题,从而创造社会价值。

市场空缺

市场上可能还存在没有被人注意到的缺口,有一群有需求的人,由于技术或者市场的原因,没有得到很好的服务。

在北京、上海这样的大城市中生活着大量外地的中产阶级,即所谓的"北漂""沪漂"。这一群人经济上相对独立,但又没富足到能够自己买房子;没有在大城市扎根,但却又希望相对自由且有尊严地居住在这些大城市……那么他们的居住问题该如何解决呢?

第一个方法是住单位分配的房子,但是现在单位分房的情况越来越少了,好不容易分一套房子,还得与其他几个人住在一起。第二个方法就是租房"蜗居",但是租房有时会带来一系列的麻烦,比如找不到合适的房子,找到了但是租不长,租的房不敢布置,无法提高生活品质等。

链家地产注意到了这个市场需求,选择先把空房租过来,然后给租客提供一个特别舒适、方便、利于社交且适合中产阶级的生活环境。这就是原来没有被注意到的市场空缺。

为什么中国现在是全球关注的创业热土呢?我曾参加过一个国际会议,会议上所有人都在跟我说两件事情:第一件事情是在中国创业为什么这么热,第二件事情是政府到底是什么态度。我回答说,创业在中国热是因为中国社会发展速度较快,即变化较快,因此使得商业机会特别丰富。政府对创新创业一向特别关注、特别支持,所以现在是自新中国成立以来,中国创业活动最丰富、最活跃的时期。

商业机会的来源:社会变迁的趋势,未被解决的问题或未被满足的需求,市场空缺。明确了商业机会的来源,才能提高识别商业机会的效率。

资源整合有哪些关键点?

机会其实对所有人来说都是公平的,但是有的人能够看得到机会,有的人却看不到,还有的人即使看到机会也不能把握机会,而另一些人却可以。所以在创业的过程中,你即使看到了机会还不够,创业取决于你有没有抓住机会,并在这个过程中不断利用已有资源。

要点一:根据商机与组织形态去寻找适合自己的资源

能否抓住机会、掌握资源取决于创业者和创业团队整合资源的能力,因为创业者原本就是资源不足的。在创业的定义中,我们也说创业者的使命之一就是要超越现有资源的约束。那这件事情怎样才能够做到呢?

褚时健在 75 岁的时候,开始了新一轮的创业。他在云南租了一座 2400 亩的荒地,这些荒地原来是当地的农民用来种甘蔗的,因为被泥石流侵蚀过,所以产出非常低。农民在这里每亩能获利 80 元就不错了。于是他很容易就跟农民签了合约,把地租了下来,租金是 100 元每亩。

他没有用这些地来种甘蔗,而是用来种冰糖橙——冰糖橙是一种品质比较好的橙子,后来这种橙子被称作"褚橙"。褚时健的橙子品质比别人的好,卖得也就比别人的贵。在此之前,中国最好的橙子在湖南,湖南的橙子最多只能卖六七元一斤。但是最好的褚橙能卖 14 元一斤,一般的也能卖八九元一斤。褚时健租了这

2400亩地之后，一年能够获得3000万元的利润。

不仅如此，他还把当地的农民请过去在他的果园里面种橙子，在这些人中，做得好的人一年能够得到6万元甚至10万元的奖金。对于这些农民来说，原来一亩地只能得80元，而现在他们不仅能够得到每亩地100元的租金，还有可能得到6万元甚至10万元的奖金。

如果想要开辟一个果园种水果，就需要土地、技术。但是你会发现，在这个故事里，褚时健选的这些资源都不怎么样：土地，是在别人看来很不好的土地；技术员，褚时健雇佣的是当地的农民。但是由于橙子质量好，褚时健就可以进一步获利，而且使这些资源的所有方都获了利。

当年比尔·盖茨刚刚开始创业的时候公司很小，而他自己只是一个年轻的学生，因此他需要招聘一个行政助理来管理公司的日常事务。在大家的理解中，行政助理都是年轻漂亮的小姑娘，但是比尔·盖茨招的人却不是这样的，他招了一位40多岁且生有4个小孩的中年妇女。这个妇女刚刚生完孩子，重新步入职场，还担心自己找不到工作。比尔·盖茨聘用她的一个很重要的原因就是，自己的公司是一个新创企业，成员都非常年轻，所以需要一个年纪稍微大一点、有经验，并且比较宽容的人来耐心地处理公司杂务。

因此，在创业的过程中，创业的核心不在于你有没有顶尖资源，而在于你能不能整合现有的资源来为己所用。一方面，创业家的野心都很大，资源相对于他们的野心来说都是不够的，创业企业在资源方面最大的劣势就是永远不够；但是另一方面，创业企业最大的优势就在于，创业者能够创造性地利用机会来整合资源，这些资源有可能是对别人来说没用的，或者说可能是别人没有用好的。

因此，创业者整合资源的第一个要点就在于，他要根据自己所把握的商机与组织形态去寻找适合自己的资源。

要点二：会结合自身和他人的资源优势来进行组合创造

在创业的过程中，有的人会结合自身和他人的资源优势来进行组合创造。这与我们平常说的"瞎子背瘸子"的思路相同。

1999年，TCL想进入手机市场，但是它原来是做无绳电话的——所谓的"无绳电话"，就是人们可以在家里拿着子母电话机的子机到处走，不用考虑电话线是否足够长。其实TCL并没有做手机的技术，在这种情况下，它必须到处去找合作者。当时，有技术的是像摩托罗拉、诺基亚、阿尔卡特、西门子之类的大企业，但是人家未必愿意跟你合作，因为这些大公司有自己的手机业务。所以最后TCL就找了一家叫作Wavecom的公司来合作——这家公司在技术上特别好，但是在市场运营方面能力很弱，所以当时也遇到了经营困难。TCL将自己在中国市场良好的运营能力与Wavecom的技术嫁接在一起，抓住了中国1999—2000年手机市场高速发展的机会。

这就是我们所说的"瞎子背瘸子"的模式。这种模式的核心是：根据自己的需求去整合市场中没有被利用的资源。很多的创业者都是通过这种方式来获得最早的创业资源的。

要点三：在市场信用机制的基础上，寻求外部合作

创业者在刚刚开始创业的时候往往资源有限，于是一些人"不求所有，但求所用"，不奢求获得那些资源，但是希望能够使用那些资源。最近很多硬件创业企业，比如说无人机行业的创业企业，看到了市场需求，准备自己研发无人机，但是又没有实验设备、测试设备，也买不起这些设备，于是就与高校、研究机构进行合作，租用高校、研究机构的设备。虽然在租用的过程中会有一些不方便，但是一个创业者必须忍受这种种的不便。

整合创业资源的核心就是要根据机会找到最合适的团队和最合适的资源，而不是寻找那些最顶尖的团队和最顶尖的资源。一是顶尖的团队和资源不容易找到，由此就有可能在寻找的过程中错过了时机；二是即使找到，这些团队和资源也有可能因为与商业机会不匹配，而使企业身陷浪费资源和错失商业机会的双输境地。

什么资金来源最适合自己？

说到资源，就要谈一谈我们经常说的资金资源。

无论公司拥有什么资源，都需要购买原材料，这些原材料将经过一个生产和加工的过程，被转化成产品之后投入市场。这个过程无时无刻不需要钱，所以如果没有资金，商业循环就无法产生和持续。因此，资金是创业者非常重要的资源。

在过去的20年里面，中国的投资市场获得了非常快速的发展，以至于我们的市场上有大量各类的投资公司来为处于各个成长阶段的企业提供资金。各类投资公司会在创业公司的某个发展阶段进入或退出，看起来好像都会提供钱，但是它们提供钱的目的，以及它们提供的附加服务都是不一样的，可以说它们是"铁路警察，各管一段"。

不同类型的投资

● 天使投资

刚开始创业的时候，企业可能会引入天使投资。这些天使投资人一般都是一些富裕的、成功的创业者或者大学教授，他们去投资完全处于萌芽状态的公司的时候，做决策非常快速并且简单。著名的天使投资人徐小平就说："就看人，其他什么也不看。"

天使投资的价值是,为创业公司快速启动提供了支持。

● 风险投资

风险投资的核心在于,投资那些高风险但是高成长的创业公司。风险投资可能会分几个轮次,第一次投一点,第二次投一点,第三次投一点,这三次投资分别被称为"A轮""B轮""C轮"。创业公司拿到了风险投资,如果足够顺利,就会在国内或者国际市场中形成有影响力的业务规模。

● 公开市场上市

接下来,公司可能就会通过公开市场上市来继续获得资金。

● 股权资本

当然,在这中间还会有一个PE(Private Equity)阶段,即股权资本的阶段。它是处于"风险投资"和"公开市场上市"之间的一个阶段。

不同投资的选择

天使投资管的是"搭架子",风险投资管的是"把产品做出来,并且把业务做到一定规模",公开市场投资管的是"企业能够持续良好地运营,并且在市场中能够不断地产生投资回报"。

上市、并购都是企业不同的发展阶段,企业在不同的发展阶段会使用不同投资者的资金,这些投资者在投资的时候,往往也会带来不同的资源。

比如说在风险投资的阶段,基本上会有两类投资者。一类是风险财务投资者,他们投资的目的就是获得财务回报,因此他们所提供的服务是,为了让你的创业公司发展起来而向你提供资金。还有一类是战略投资者,比如说英特尔。英特尔会基于自己的芯片业务去技术投资一些新创的企业,而这些技术投资会使得那些符合英特尔自身战略需求的企业获得发展。

创业者在寻找投资的时候,往往会找那些与自己的机会最匹配,并且为自己的成长带来最大帮助的资金资源。

优质的创业团队是怎样的?

当我们有了机会和资源之后,还需要依靠人和组织来完成创业,因此创业成功与否很大程度上取决于是否拥有一个有创意的创业团队。很多人认为:如果失去了机会,在中国这样一个充满机会的地方,可以重新找机会;如果失去了资源,也可以重新找、重新整合;所以一个有创意的团队才是在一个动态的、不确定的环境里创业的核心。

什么叫创业团队？

创业团队是为了创办新企业而集合在一起的一群人,他们有共同目标,共享创业收益,共担创业风险。

核心创始人

我们将最早创立企业的成员称为创始人或核心创始人。那么什么样的人适合当核心创始人呢？

核心创始人需要有创业心态、创业能力,并决心在未来相当长的一段时间(3~5年)内全心投入公司工作。

● 创业心态

我们为什么要给核心创始人加这么多条件呢？那些真正成功的人,比如马云、马化腾,在创业之初经历了不知多少困难。在这个过程中,他们必须要经过一段时间的磨炼,并且能够坚持,才有可能将公司带入下一个阶段。因此,所谓"创业心态"就是指,要有一种百折不挠的拼搏心态。

● 创业能力

核心创始人必须要有比较好的创业能力,如整合资源的能力、团结人才的能力、能发现并把握机会的能力等。

● 决心在未来相当长的一段时间(3~5年)内全心投入公司

工作。

整个核心团队的成败可能基于核心创始人一身,因此如果核心创始人是兼职的话,他就没有办法全身心地投入创业过程,这就导致他没有办法来应对迅速变化的环境,也不适合主导一个在市场中相对脆弱的创业企业的发展。

所以核心创始人之所以"核心",是因为他往往是一个创业团队的主心骨。只要核心创始人不跑,他就会按照商业机会的要求去组织创业团队。

优质团队

一个创业团队的优劣往往是风险投资或其他资源的拥有者来决定是否与这个初创企业进行合作的一个重要因素。那么什么样的团队才算是优质团队呢?创业团队的质量是被以下四个因素所影响的。

● 知识和技能

这里的知识和技能指的是:

受教育的程度;

过往的产业经验——如果你在信息与通信技术行业里工作过几年,那么你在这个行业内就会有一些优势;

过往的职能经验——如果你做过销售,那么在创业团队里负责市场推广时,就会比别人多一些经验。

因此，在知识和技能这个方面，最重要的在于整个团队的知识和技能是否能覆盖创业的基本需求。

● 资源

创业团队需要在知识与经验之外带入外部的资源，比如技术资源、人脉和投资。如果创业团队能掌握并整合这些资源的话，那么整家创业企业就会有一个好的发展的起点。

● 价值观

价值观就是指，团队成员在一些基本价值理念上能否达成一致。比如说，我们是要把这个事情做成功之后才能享受收益，还是着眼于通过这个产品来获得投资人的钱，然后再进行下一次创业——我们的追求的先后顺序是什么？对这样的基本价值观和基本价值理念，创业团队最好在创业早期就能够统一。一旦不统一，就会出现创业之初大家都很团结，但随着业务的不断发展而产生冲突的情况。尤其当这个创业团队面临下面两种情况的时候，就特别容易出现争执。

一种情况是，在公司遇到困难的时候，创业团队需要做一些牺牲，但如若创业团队理念不一致，就会有人觉得："凭什么让我把自己兜里的钱掏出来放到公司里面？！"腾讯在创业早期的时候也遇到过困难，腾讯的创业团队纷纷拿出自己的钱，因为他们的价值观是一致的，把公司事业的成功放在了第一位。

还有一种情况就是，当公司突然获得了短暂的成功的时候，大家价值观不一致的问题也会暴露出来。比如说,在线教育平台泡面吧估值已经上亿,但在第二轮融资时,创业团队之间出现了分歧。

● 团队治理结构

所谓"团队治理结构"就是指,如若队员之间出现了分歧,应该怎么办。创业团队应该有一个特别简单易行,并且为大家所广泛接受的治理结构。

人心隔肚皮,创始团队的价值观、理念再一致,在运营公司的过程中依旧会出现分歧。出现了分歧之后应该如何解决?是按人头投票,是按照股份占比多少投票,还是采取技术问题让技术专家投票、市场问题让市场专家投票的方式?这些规则都应该在较早的时候确定下来,这之后大家就按此机制行事。如果采用了这样的机制,最后依然损失,也不用害怕,这至少可以让整个团队都吸取经验。

我有一个学生在技术领域非常厉害,但是有一次他却做了错误的决策,即使有人提醒他,他也依旧执迷不悟。最后公司按照他的决策行事,出现了失误,他自己也感到非常内疚,认为当初应该多听取别人的意见。所以这件事情反倒使得团队在以后的运营中更加融洽了。

上下都认可团队治理结构使得即使有人犯了错误或思虑不周,也能让整个团队都获得经验。

一个好的创业团队要满足以下条件：团队的知识和技能能够满足商业机会各个方面的要求；团队成员在资源和能力上是互补的；团队成员的价值观是一致的；团队治理结构是简单易行的。

创业团队、最初招聘的员工，以及投资人，就形成了董事会，再加上企业外部的支持者，就搭建起了一个创业企业组织最初的运营框架。这个创业企业组织的框架被搭建起来以后，创业者就可以利用商业机会在市场中整合资源。于是一个新创的组织就启航了。

创业初期必须做好的三件事是什么？

一家初创企业在最初的18个月里其实是非常困难的，因为创业团队虽然抱着很好的理念，但是仍然可能遇到各种各样的问题：可能要不断调整商业模式，可能想要的资源拿不到，可能根本找不到客户……马云经常讲他创业之初的故事，说他最初要做电子商务的时候，没有人相信和支持他，于是他就去找了"十八罗汉"，这些人每人凑了一点钱给他，他才能继续做电子商务。马云说的其实是每家初创企业头18个月的常态。

我认为,一家初创企业在头18个月中做好3件事情就基本能稳定了。

初创企业必须做好的三件事

● 业务做起来

第一,就是它需要寻找业务方向,并确认自己能够把业务做出来,即打开市场。

● 资金不断流

第二,就是要确保自己的资金不断流。无论是自己募集资金还是去找投资人募集资金,都要确保企业运行的过程中资金不断流。

● 团队不散架

第三,就是要确保整个团队能在这段时间坚持下来不散架。

完成了这3件事情,度过了头18个月之后,企业就可以像模像样地开始走向A轮、B轮融资了。在每个发展阶段,都会有新的资源方进来帮助企业调整市场运营的方向。随着创业的不断进行,这家企业的组织会越来越壮大,管理也会越来越规范。如果一切顺利的话,这家企业很快就能成为一家在市场上有影响力的企业,甚至可能上市。

创业的价值

因此创业企业的整个创业过程就是：创业者找到商业机会，吸引和整合了不同方向的资源，去创造一个运营状况良好的创业组织，接下来让更多的客户接受自己的产品和服务。这样的话，创业者就为整个社会创造了价值。

创业者创造的价值体现在哪些方面呢？

有可能体现在，创业者为客户提供了以前市场中没有的产品、服务；也有可能体现在，市场中已有解决方案，但是你用更低的成本给客户提供了相同的价值。

创业者在创造价值的过程中还可能会盈利，他需要把这些价值与他的利益相关方进行分享。资源所有者之所以会投资运营一家创业企业，就是希望分享企业成长和成功所带来的价值。

很多时候，我们都认为企业要盈利才算成功，但是有的人，比如徐小平就坚持说，创业企业只要做到了一定的阶段，比如说B轮、C轮，就表明已经取得了阶段性的成功。这个时候，他就会允许创业企业的核心创始人能够部分套现，获得财务自由。他说，核心创始人带着大家工作了三四年，终于把企业做得有影响力了，但是他们依旧拿着低工资拼命地投入。所以，虽然企业现在还没有盈利，也应该给他们几百万甚至上千万，使他们获得财务自由，让他们以后能更好地、没有后顾之忧地投入事业发展中。

当然，也有投资人和创业者之间无法达成共识，最后分开的例子。比如在2000年的互联网寒冬中，新浪的创始人王志东就跟他的股东在如何分享价值上出现了一些分歧。王志东认为，那个时候应该去投资开发新的产品，但是股东认为现在应该进行并购——股东们认为并购能拉高股价，股价稍微高一点，自己就能够分享一部分的投资收益。

新浪事件告诉我们一个道理，创业者和创业组织一定要学会跟别人分享你创造的价值，才能获得持续的支持。正是因为创业者能够分享自己所获得的价值，那些资源投入者才会加入创业者创业的过程，而投资者的加入会让创业团队成功的概率变大。

所以，我在本书中反复强调要用商业的方式分享价值。约翰·洛克菲勒说，建立在商业基础上的友谊永远比建立在友谊基础上的商业更加重要。用这句话来形容创业的过程真的特别合适。

只要在创业初期能坚持下来，创业组织就能给社会带来价值。要么是提供了市场上没有的产品和服务，要么是以更低的成本提供了相同的产品和服务，创业组织因而推动了整个产业向前发展。

创业与创新有什么区别？

一家公司在创业的过程中，如果能逐渐把事业做大，就有可能对那些在市场中经营同一种业务的在位企业造成冲击。比如说，以阿里巴巴和京东为代表的创业企业的成功，对以国美和苏宁为代表的传统电器经销商造成了重大打击。创业企业通过自己的成功，扩大自己的商业领地——可能是开发了新的领域，也可能是侵蚀原来在位者的竞争优势——推动了整个商业生态系统的更新和换代。

创新是创业者的武器。我在前面说过，一家大型企业的创新障碍很大程度上是它的组织障碍。原因就在于，成熟企业的组织其实不适合进行创新，所以现在很多公司都希望借鉴市场中创业企业的模式，来发扬自身内部的创新精神，从而使自身在变化的市场环境中保持优势，不被新创企业所颠覆。

因此现在很多大公司都开始发展 NVT(New Venture Team)，即新事业团队。这个新事业团队的搭建和运营其实就借鉴学习了小型新创企业灵活多变、愿意冒风险的一面。最近，海尔公司对自己的组织进行了非常大的调整，海尔将其称为"企业平台化""员工创客化"。所谓的"员工创客化"就是指，海尔希望自己的员工能够组成一个一个小而灵活的创业团队，而海尔将为这些小的创业团队提供平台支持。海尔的这种运营模式已经在全国被媒体广泛地报道。

但是你会发现,能像海尔一样做得这么极端,在创新的过程中引入创业模式的大型企业其实并不多。其中一个重要的原因就在于,采取这种方式对于一个组织和流程都相当完备的企业来说是相对困难的,它可能会导致组织的失效。因此在这种情况下,往往需要整个组织上上下下都进行战略性的变革。而在下一章中,我们就会讲到组织的战略性变革。

> 成功创业会推动整个商业生态系统的更新换代。创新是创业者的武器,成熟的组织不适合创新,但成熟组织也会借鉴创业组织的模式推动自身的创新。

本章小结

创业是突破现有的资源约束,利用机会,在商业社会中创造价值的过程。创业成功的关键是选择合适的团队和资源。成功创业会推动整个商业生态系统的更新换代。

第六章 变革:企业保持竞争力的关键所在

什么是组织变革?

在前面几章的内容中,我们把商业生态系统静态的一面给大家展示出来。

我们发现在商业生态系统中,有一些企业为了特定的目标,制定一个战略,并为这个战略设定了一个组织体系。在这个组织体系下,形成了商业生态系统的格局。我们将这样一幅画面称作"商业生态系统的静态画面"。

驱动商业生态系统演进的两股力量

我们将其称为商业生态系统,就意味着它会随着时间的变化发生演进。那么演进是如何发生的呢?主要是由两种力量驱动的。

一种力量是，有一些在位的大企业通过不断创新来更新自己的产品系列，然后使得产品、组织和业务模式发生变化——这就是我们在前文所讲的"渐进式的创新"。

另一种力量是，市场中还会有一些特别有创新精神的小型创业公司，这种小型创业公司试图随着环境的变化来发展新的业务，然后去挑战在位的大企业。在这样的条件下，在位的大企业就面临着巨大的环境压力，这样的压力使在位的大企业不得不进行产品创新、业务创新。然而，并不是所有的大企业都能够经历长期的产业演进过程，禁受得住一波又一波小型创业公司发起的挑战。那些真正经历这样一个过程、不断接受冲击却依然能保持繁荣、保持自己竞争力的在位企业，一定是随着环境的变化不断进行组织变革的企业。这就是我在这一章要讲的内容——"组织变革"。

为什么要进行组织变革？

1990 年世界最具品牌价值的 10 个品牌，如今只剩下可口可乐、奔驰、丰田和麦当劳，且排名相对靠后。在这期间，不断有新的企业加入，比如说苹果、谷歌、亚马逊、微软等。

排名	1990年	2000年	2010年	2018年
1	可口可乐	可口可乐	可口可乐	苹果
2	索尼	微软	IBM	谷歌
3	奔驰	IBM	微软	亚马逊
4	柯达	英特尔	谷歌	微软
5	迪士尼	诺基亚	通用电气公司	可口可乐
6	雀巢	通用电气公司	麦当劳	三星
7	丰田	福特	英特尔	丰田
8	麦当劳	迪士尼	诺基亚	奔驰
9	IBM	麦当劳	迪士尼	脸书
10	百事可乐	美国电话电报(AT&T)	惠普	麦当劳

诺基亚和柯达都曾是榜上有名的企业。20世纪90年代，柯达是影像领域的第一名，但这样一家企业，最终却随着数字照相技术的兴起而破产。诺基亚在2000年前后如日中天，是手机行业的王者，但是随着以苹果为代表的智能手机品牌的兴起，诺基亚的经营情况江河日下。2013年9月，微软宣布收购诺基亚手机业务和诺基亚手机品牌使用权。2016年5月，微软将诺基亚功能机业务出售给富士康，而芬兰HMD Global则买走了诺基亚功能机品牌的使用权。2019年12月，微软停止支持Windows 10 Mobile系统。昔日手机市场老大开始了颠沛流离的生活，复兴之日遥遥无期。

当我们看到可口可乐、奔驰、丰田、麦当劳始终保持自己的竞争力和领先地位的时候，我们会思考，随着时代的变化，它们和那些被淘汰、走下坡路破产或者被别人收购的企业有什么区别？我们会发现，随着时间的变化、竞争环境的变化，它们不断地在对自己的组织体系进行变革。

什么是组织变革？

那么，究竟什么是组织变革呢？

组织变革就是，企业针对外部或内部环境的变化，对组织形式、权利责任等所采取的一系列改变的行为和过程，其目的是让组织适应环境的新变化，或者赢得未来发展的新机会。

这里有三个要点。

第一个要点是，组织自己改变自己，即组织要进行自我革命。

第二个要点是，组织变革的目的是使自身适应外界环境的变化。什么是外界环境的变化？我在前面的内容中说过，一个战略终归会与跟它相适应的组织相联系，而这个战略又是根据当时的环境条件来制定的，所以战略和组织越成功，就表示越能适应当时的环境。但是一旦环境发生变化，企业就需要改变自己的组织以适应外界的变化。

第三个要点是，组织经过这样的变化之后，可以强化自己在市场竞争中的优势地位，赢得未来发展的机会。

这就是组织变革的定义。

大家可以仔细去分析过去25年中那些最成功企业的成长路

径，那些真正有生命力的企业在它的发展过程中都经历过很多次的组织变革。

> 由于受到创新和创业的驱动，组织不得不进行变革。现实说明，不进行变革，即使是那些在当时如日中天的组织，也会面临倒闭和重组。

IBM 是如何进行组织变革的？

下面，我们以 IBM 为例，看看 IBM 是如何通过组织变革来穿越市场环境的风风雨雨走到今天的。

老沃森时代

IBM 最早是在 1911 年，由三家小公司合并在一起组成的。它的产品包括电子秤、制表机，还有现在大家无法想象的切乳酪的机器。那个时候的 IBM 还处于老沃森时代，老沃森（托马斯·沃森）把这些小公司连在一起，进行了 IBM 的第一次组织变革。此外，老沃森的另一个重要的贡献就是，使 IBM 从一战时开始为军方生产武器。

小沃森时代

真正对整个信息产业具有重要影响的其实是小沃森（小托马斯·沃森）。小沃森时代的IBM在业务上做了两件重要的事情：第一件重要的事情就是与美国军方合作，从军方那里拿到订单；第二件重要的事情就是与美国麻省理工学院合作开发大型电子计算机。

当时的电子计算机非常大，能将好几间屋子装满，不像我们现在手里的小电脑，抱着就能走。当时IBM不仅做了一个叫作System360的系统，还围绕着计算机主机生产了与它相关的磁盘驱动器、读写设备等一系列的外围设备。因此，在20世纪五六十年代，IBM奠定了自身作为整个信息技术、计算机技术行业翘楚的地位。

这个时期的IBM在小沃森的领导下，逐步建立起一套完整的组织架构，采用了专业化的管理方法。为了配合业务战略，小沃森大量招聘电子技术人才，并邀请约翰·冯·诺伊曼做顾问。而正是从这次管理转型开始，小沃森的放权，以及符合世界级大企业的组织架构和管理规范的建立，使IBM走上了现代企业之路。这样的改变让每个员工，尤其是高级管理人员，可以最大限度地发挥他们的作用，同时也促进他们的成长，最终为IBM培养出大量合格的职业经理人和接班人。

这之后，IBM的业务就开始迅速发展，IBM到了在市场上根本没有竞争对手的地步，所以美国司法部门曾经三度试图起诉IBM垄断，由此可见IBM对整个市场的影响力。

郭士纳时代

个人计算机兴起，IBM曾试图对这个市场变化做出反应，所以推出了IBM PC，这件事对整个行业产生了很大的影响。但是PC部门的技术含量相对较低，利润也不是特别高，所以这项业务在IBM内部并不受重视。

在小沃森时代，IBM被称为"Big Blue"，即"蓝色巨人"，这是因为IBM的员工出门时都穿着蓝色的西装。但是随着20世纪80年代个人计算机的兴起，IBM这个蓝色巨人就日渐陷入一个非常不利的处境。这种不利的形势一直到1991年进入了特别危急的阶段。那一年，整个IBM的销售额大幅下降，还亏损了28亿美元，股票大幅下跌。

这个时候，郭士纳上台了。

● 客户导向

首先，郭士纳对IBM进行了重新定位，他认为不能太重视技术，相反要多倾听客户的声音。因此，IBM变成了一个客户导向型组织。

他认为客户有各种各样的需求，所以IBM需要给客户提供跟计算机相关的解决方案，而不单只是把计算机卖给他们。IBM的大型机技术很好，IBM PC技术也很好，但是IBM要卖的是一个解决方案。因此，郭士纳做了一个以客户为导向的组织结构的变革。

他围绕这一步组织变革写了一本书——《谁说大象不能跳舞》。在书中，他对这一过程进行了详细的描写。

● One IBM

其次，郭士纳认为IBM要形成一个团结战斗的整体，他将其称为"One IBM"。

● 网格计算

最后，随着互联网技术的兴起，郭士纳提出IBM要进入网格计算领域。

彭明盛时代

到2000年之后，彭明盛上台，在他上台以后，整个信息技术产业发生了根本的变化。

● PC时代的终结

第一个根本的变化就是，PC时代终结了，行业已经完全转入了网格计算领域。

● 科技的全球化

第二个变化就在于，全球化的兴起。以往信息技术还只局限于各个国家的范围之内,随着2000年以后全球化的深入,信息技术成为一个先导产业。

● 企业的价值更多在于帮助客户解决商业问题

第三个变化就是,客户不仅仅需要软硬件,更需要一个完整的解决方案。所以在彭明盛时代,他把IBM变成了一个全球性的解决方案的提供商。

为此,他干了几件很重要的事情。

既然PC时代已经终结,他就把服务器这类硬件业务卖给了像联想这样的企业,逐渐退出了硬件的生产、制造和销售市场。相反,他自己买进了普华永道的咨询部门,成为一个为客户提供解决方案的厂商。

在这个时候,IBM变成了一个在全球运营的只提供软件和解决方案的厂商。这和1911年那个做制表机、切奶酪机器的公司相比,简直"判若两人"。

罗睿兰时代

云计算的兴起也对IBM产生了很大的冲击,所以在罗睿兰的主导下,IBM也发生了一些根本的变化。但是IBM这次的转型还在发生的过程中,我们到现在为止还没有能够看到它的全貌。

时代环境变化,竞争策略也会变化;竞争策略发生变化,企业内部的技术也会变化。而这些变化就要求组织对自己进行根本的组织变革,使自身能适应外部环境的变化。如果企业不能适应时代的变化,就会慢慢地被时代所抛弃,然后在商业生态系统中,像诺基亚一样被市场的力量所肢解,企业的资源最后也会被别人吸收并重新利用。

这就是我们所说的,在市场的发展过程中,组织变革其实是企业为了适应环境的变化而不得不对自身所做的主动的改变。

促发企业组织变革的条件是什么?

企业的最高领导人、CEO对组织变革通常都有一个非常清晰的认识。

有研究团队曾经做过这样的调查,询问一些企业家是否会在公司内启动组织变革。很多企业家的回答都是"是"。然后再进一步询问他们为什么要进行组织变革,得到的回答无外乎以下三类。

企业组织变革的原因

● 增强竞争力

5%的企业想提高自己的竞争力。

● 提高绩效

有80%的企业是为了提高绩效。提高绩效就是指降低成本、提高流程运转的平滑性,乃至提高利润。

● 生存

还有15%的企业是说,自己必须进行组织变革,组织变革的目的就是生存。如果不进行组织变革的话,连生存都会存在问题。

究竟是哪些因素驱动了企业的组织变革?不同的组织变革需要怎么样的组织变革模式来与其相适应?

驱动组织变革的外部因素

说到驱动企业组织变革的外部因素,无非就是三方面。

● 市场因素

第一个因素是,市场因素——比如说全球化。

IMB在彭明盛那个时代,随着全球化的不断发展,企业的业务不再局限于一个国家,而是有可能遍布全球。因此,彭明盛觉得不应该建立一个国别化的组织,而要建立一家跨国公司。

中国企业这几年也遇到了一些重要的变化:其一,随着全球化的不断深入,中国企业在中国本土就能够和外国的企业进行竞争;其二,像华为这样的企业,已经在本土市场占据了大量市场份额,因此接下来要在国际市场上跟跨国公司进行竞争。相应地,市场因素的变化就要求中国的企业做出根本的改变。这就是我们所说的市场因素会驱动企业进行组织变革。

● 技术进步

第二个比较明显的驱动组织变革的重要因素是技术进步。

北大方正原本是做数字排版技术的,它的数字排版技术被用来替代活字印刷技术、铅制排版印刷技术。采用这样的技术,北大方正就使得出版社、报社不再需要排字工人,只需要在电脑上排版即可。因此,它带来了整个出版印刷界的一次组织变革。当北大方正在数字排版领域成为当之无愧的市场第一之后,它进行了一系列的组织变革。随着个人电脑的兴起,北大方正打算将业务的重点转向个人电脑的生产和制造。个人电脑的兴起,给北大方正带来特别大的转型压力。

沃尔玛是最早用数字条码技术扫描店里商品的公司,也是第一个使用卫星来对自己店里产品的生产信息、物流信息、采购信息进行管理的公司。与此同时,沃尔玛还在思考,如果将来ID技术可以降到只有几分钱,再将ID贴到每个商品的品类上,购物就会变得非常简单。顾客只要用手机扫描商品的ID,就可以将商品直接带走,这样就省去了排队的麻烦。如今沃尔玛的这一设想已经实现了,很多超市已经减少了人工收银通道,甚至出现了无人超市。收银管理体系发生了根本的变化。

这就是所谓的"技术驱动组织变革"。

● 颠覆式创新

第三个因素是现在人们讨论比较多的颠覆式创新。

颠覆式创新有可能是基于市场的,也有可能是基于技术的,它对整个产业产生了影响。它的一个特点就是,它所带来的组织变革是更加根本性或致命性的。

我们在看待市场中的创新时,基本上会从它服务的客户的角度来看。从这个角度上看,创新基本上可以被分为两类。

一类是,服务现有的主流客户,通过逐渐提高现有主流客户所需要的产品的性能,来适应主流客户不断增长的需求。

还有一类,不需要服务市场中的主流客户,而是要服务那些藏在犄角旮旯的客户,然后在这些客户中孕育一些现有产品完全无法满足的需求,从而对现有的技术和产品造成冲击。

我们还是以柯达为例。当柯达同时拥有数字照相技术和传统照相技术的时候,它的创新就可能会有两类。

一类是它要改进显影液的配方,使得照片的图像更加清晰、质量更高,这就是我们所说的"渐进式的创新"——沿着原有的轨道进行创新,这也是20世纪八九十年代的主流客户所需要的。

另一类是柯达要改进自己的数字照相技术。数字照相技术的优势就在于可以方便地存储和传播，因此在刚开始的时候，数字照相技术的创新主要针对那些对存储和传播有较高需求，但对图像的质量并没有那么看中的小群体——比如说记者，因为他们需要及时进行图片的传输和存储。但渐渐地你会发现，数字照相技术在传输和存储上的性能在提高，同时照片的清晰度也在提高。随着互联网和移动互联网的普及，人们对照片进行拍摄和分享的方式发生了根本的变化，人们看到有意思的东西就用手机拍下来，然后发到微博或朋友圈。由此一来，传统的化学照相技术的空间就越来越狭窄了。如果不是为了拍证件照，大多数人根本不会再到照相馆洗照片。

颠覆式创新一旦出现，我们就需要对组织进行变革，然后通过这种组织变革使得企业能更好地适应这个时代。从某种意义上来说，柯达就倒在了在组织变革的过程中犹豫不决上。

类似的例子还有很多。

随着互联网时代的到来，很多传统企业都在发生根本的变化。比如传统的零售业会变化、制造业会变化，而这些变化都起源于那些从前根本不被看中的人群的特定需求，这种特定需求会随着市场的发展逐渐颠覆原有的行业。所以一旦有颠覆式创新出现，原有的在位企业除非自己进行组织变革，否则就会出现问题，甚至连生存都困难。

那么怎么办呢？通常有三个方法。

第一个方法是，单独建立一个内部组织，专门运营新业务。

比如说，IBM当初建立自己的PC部门的时候，就使PC部门在远离总部的地方单独运营，并且有单独的预算。PC部门在佛罗伦萨独立运营时取得了成功，但在总部的时候，却怎么也没办法成功。

第二个方法是，成立独立的分公司，独立运营新业务，让它自己与市场接轨。

比如说，惠普把它的测试部门逐渐分拆出去，成立了安捷伦；而安捷伦又把自己的电子仪器这一部分业务分拆出去，成立了士德科技。在资本市场越来越发达的现在，这种分拆其实很容易。

第三个方法是，当我们觉得创新可能会威胁自身的时候，我们就可以敞开怀抱，拥抱这些有可能颠覆我们的公司，使其成为自己旗下的子公司，然后自己来发展这项业务。

比如说，谷歌现在就是一个收购狂。在过去的一段时间，有人统计说，谷歌收购了138家公司。它收购的公司名字的首字母可以从A一直排到Z，构成一个字母表。收购了这么多公司，谷歌就一定会对组织架构进行调整，对公司进行重新规整。这就意味着会有新的组织变革发生。

这就是我们所说的驱动组织变革的三个外部因素——市场因素、技术进步和颠覆式创新。

驱动组织变革的内部因素

在企业内部也会有组织变革的驱动力,主要有以下几种。

● 克服组织内部的刚性和惯性

那些成立时间较长的公司通常会形成自己的核心能力,但核心能力的另一面是刚性和惯性。为了克服这种刚性和惯性,很多企业可能就需要进行组织变革。

大家知道,当年柯达把乔治·菲谢尔(George M. C. Fisher)请去,就是因为菲谢尔原来在摩托罗拉的时候特别熟悉数字技术。柯达希望他能来帮柯达克服组织内部的惯性。

● 克服战略与组织的不匹配

随着公司业务的发展,公司的战略和组织会变得不匹配。所以像谷歌这样的公司,随着部门越来越多、业务越来越多,就必须要进行组织调整。

● 提高组织绩效

当企业的绩效或业绩已经远远低于竞争对手或不能满足企业家的雄心时,企业就会进行组织变革。

比如海尔进行了流程再造,这种流程再造是为了理顺各部门之间的关系,使得产品的开发更加倾向客户需求。再比如说 6∑ 体系,还有精益求精的制造体系改革,这些都是企业基于提高绩效的要求所进行的组织变革。

> 组织变革有内外部的驱动因素,这些驱动因素会给组织领导者信号,提醒他进行组织变革。

怎样才能进行一次成功的组织变革?

随着电子商务的兴起,移动电子商务对很多的传统企业都造成了一些冲击。所以很多组织的领导人对于组织变革的必要性都有清醒的意识。但尽管如此,组织变革也是一件非常困难的事情。有调查显示,大约70%的企业组织变革均以失败而告终。

为什么大部分的组织变革并没有完美的结局,只有那些极少数的、特别好运的组织才成功地完成了组织变革?这就涉及了我们所说的"促使组织变革成功的几个重要因素"。

成功的组织变革的特征

一般来说,一个好的组织变革有三个特征。

● 合意

合意的意思就是说,这次的组织变革不仅满足领导人的想法,满足股东的想法,也满足员工的想法,甚至满足所有的利益相关者的想法。

● 可行

可行就是指,在组织变革的过程中,我们要学会一步一步地积小胜成大胜,最后使组织变革成为不可阻挡的趋势,被组织内部的所有成员所接受。

● 变化

变化是指,组织变革要随着组织的变化而变化。

比如,某企业以前做电商时,主要围绕 PC 端开展业务,而现在则主要依赖移动互联网。那么在移动互联网的渗透率发生显著变化的时候,电商企业就应该思考如何进行相应的组织变革。这样的话,该企业就有了未来能适应环境变化的组织变革蓝图,就能进行一次相对来说上上下下都能接受的组织变革,且能把控组织变革的过程。

组织变革的步骤

再往具体说,一次成功的组织变革到底要经过哪些步骤呢?大体上来说有五个步骤。

● 组织解冻

第一步就是要在组织里通过营造不满意感解冻组织。当你营造不满意感之后,组织内部的人就会主动要求变革。

我们为什么要营造不满意感呢?如果一个组织在过去的一段

时间里面成功过,那么就意味着,这个组织内部已经形成了对过去成功模式的依赖,如此一来,组织就有可能看不见外面正在发生的变化或者自身的弱点和缺陷。这个时候,如果组织贸然变化,大部分利益相关者就会感到困惑,变革的阻力也会很大。所以比较好的方法就是,在组织内部营造对组织现状不满意的氛围,之后再驱动组织进行变革。

1995年,华为已经从农村市场进入了城市市场。他们在农村市场做得很成功,但是不见得能够适应城市市场的竞争要求。于是,华为就让当时的副总裁,同时也是市场部负责人的孙亚芳带领整个市场部辞职,并重新应聘——对此,华为的说法是,烧不死的鸟才是凤凰。通过这样一种方式,华为优化了队伍,提高了队伍的专业化管理能力。

这种方法就是所谓的"解冻原有组织",有时候我们也把它称为"在公司内部发动一场组织变革的前哨站"。

那么我们如何营造这种不满意的氛围呢?这里有几个方法。

(1)寻找业界标杆

第一个方法,我们可以去寻找业界的标杆。比如,我们把海尔作为标杆,海尔能做到的,我们是不是也要向这个方向努力?

当然了,这个业界既可以是企业所在的行业,也可以是别的行业。

万科公司的CEO曾带着一帮人向小米这样的互联网公司学

习。这也是一个解冻的过程,通过这个过程,万科希望能够启动自身基于互联网的转型。

(2)寻找组织内部与竞争环境不匹配的地方

第二个方法,可以去找组织内部与竞争环境的不匹配之处。

比如说,企业把大部分的资源都投入公务市场(industry market),但是竞争对手却正在发展对中小企业,甚至对个人的业务,而这些业务很快就会对公司构成威胁。于是公司要告诉员工这样一个竞争趋势,未来三五年内对中小企业和普通消费者的业务可能会占到整个市场的80%。

所以现有的竞争者对企业形成的冲击也可以是企业不满意的来源之一。

(3)倾听员工的意见

第三个方法是,倾听员工的意见。

员工经常活跃于技术和市场的第一线,员工的抱怨本身也代表了现有组织和竞争环境不匹配。可以把员工的抱怨和不满意之处整理出来,在公司内部进行传播。这种不满意之所以非常值得重视,不仅是因为不满意的来源——是什么人提出的,而且还因为不满意的范围——在什么范围内提出的。总体上来说,对公司的不满意由越重要的人提出,涉及的范围越广,那么不满意的张力就越大,组织变革的内驱力也就越大。

● 描画未来蓝图

第二步是描画未来蓝图。

当组织中有了不满意的声音之后,大家会各自找出路。这个时候,公司的领导人就要给大家描画一幅未来的蓝图,即大家觉得公司现在不好,那么公司怎样才是好的。领导就会向大家解释公司为什么要进行组织变革,怎样进行组织变革,组织变革结束之后公司会变成什么样子,所有的员工在将来的组织体系里会承担怎样的任务。这种对未来前景的细致描绘,对解除员工的戒心有很大的帮助。

比如说,公司进行了开发流程的组织变革,公司要为大家指明,组织变革完成后,原来做开发的工程师现在还是做开发,但会有人来进行质量把关。这样员工就会觉得这是一件可以接受的事情,即使他们将来需要改变自身的一些工作习惯。

因此,组织的领导者必须先描绘一幅较为完善的蓝图,能够带着员工走出原来的窠臼,才能够启动组织变革。

使蓝图被所有人接受,通常有两种方法。

一方面,在使宣传蓝图被企业上上下下接受的过程中,企业管理者不仅要晓之以理,更要动之以情。领导者要带领大家对变革后的情境进行畅想:等到将来我们的组织变革到达某种程度的时候,我们上下班是什么样子的,我们与同事之间怎样相互配合,我们可以跟我们的孩子怎样进行通话……这样一些 what if(如果),

往往更能打动员工。

另一方面,要使这种组织变革的蓝图有说服力,企业要在宣传的时候,使用各种各样的比喻,并且要举例。

在1998年确立集成产品创新体系的时候,该体系对华为造成了非常大的影响。因为采用这个体系,就意味着那些特别骄傲的研发工程师要改变自己的工作方式,并因此面临很大的压力。所以任正非就在公司的大会上用集团军作战来打比方。他说,你们原来做的事情其实是让每个人自己去开发,开发完了以后再与别人进行对接,这种建立在大家之间默契基础上的工作方式对小系统的开发和小分队作战是有效的,但却很难应对那些几千个人甚至上万人的大兵团作战,炮火应该打向哪里,士兵什么时候到达什么位置,我们将不得而知。因此,在这样一个复杂的过程中,必须有完善的、完整的指挥系统,否则自家的炮弹就可能会炸到自家人。在这种情况下,失败一次两次还可以,但如果失败十次八次的话,华为就完蛋了,在座的各位也完蛋了。任正非通过比喻的方式,使得员工更容易接受组织变革的蓝图。

因此,如果我们要描绘未来组织变革的蓝图,并把这幅蓝图在公司内部进行广泛传播时,既要感性,又要理性,还要有说服力。

● 驾驭组织变革进程

第三步就是,管理者要认真、仔细、小心地去驾驭一次组织变革的过程,即怎么变。柳传志经常说,他知道自己要到河对岸去,但是究竟是乘船过去还是说从桥上走过去呢？

● 消除组织变革障碍

进行组织变革就会遭遇障碍，因此第四步是，克服自身的障碍。

我在前面讲组织的时候提到过，组织一旦建立以后，就会有惯性，这个惯性对组织变革来说，就是一种阻碍。

● 发动员工支持

第五步是，企业的管理者要能够负担员工进行改革或转型的成本，即要学会发动员工来参与组织变革。

成功的组织变革特征：合意（满足大多数利益相关者的诉求）、可行（被组织内部接受并执行）、变化（组织变革随着组织的变化而变化）。

组织变革五步骤：组织解冻、描画未来蓝图、驾驭组织变革进程、消除组织变革障碍、发动员工支持。

八步组织变革法是什么？

哈佛大学有一个教授叫约翰·科特（John Kotter），他与他的合作者一起撰写了一本寓言书《冰山在融化》，总结了组织变革的八步法。这本书的内容其实跟我们前面的内容衔接得很紧密。

第一步：产生紧迫感

第一步就是，你要解冻组织，当组织中出现了不满意的声音时，你就在组织内部创造了组织变革的紧迫感。

第二步：建立强有力的领导联盟

有了紧迫感之后，你就需要去建立在组织内部进行组织变革的强有力的联盟。这个联盟可能是组织内部几个关键岗位的人一起合力建立的。

1994—1995年，联想原本是做电脑主板的，但是后来想要生产自主品牌的电脑的时候，怎么做都做不好。于是，柳传志就想着要成立一个微机事业部。他把原来在惠普打印机事业部里面代理惠普打印机业务的杨元庆调到这个事业部里面，同时他让资历稍微老一点的同志——比如李勤——为杨元庆坐镇，同时也加上他自己。这样的话，就形成了一个强有力的联盟。

事实证明，这样一个联盟就能够进一步推进组织变革。

第三步：构建愿景

第三步就是我在前面所说的，你需要去构建一个愿景。

第四步：沟通愿景规划

第四步就是你需要在公司内部沟通愿景规划。

1998年，任正非曾带领华为的高管团队去美国参观访问IBM，他回来以后就写了一篇文章，题目是《我们向美国人民学习什么》，这篇文章在公司内部获得了广泛的传播和讨论。在这篇文章里面，任正非已经把华为将来要进行改革的基本点都指明了。通过这种沟通和交流，华为内部就形成了一个对组织变革蓝图的清晰的认同。而这个认同，为华为在将来的组织变革打下了很好的基础。

第五步：针对变革建立组织

我在前面说要建立一个强有力的联盟，但是那个联盟是高层之间的联盟，那个联盟需要做的是描绘一幅蓝图。而接下来，需要针对变革建立一个与之相适应的组织体系。

比如说，1999年，华为把各个部门特别重技术的工程师全部抽调出来，成立了一个营销工程部。这个营销工程部是在市场部底下的，这就让那些原来专注于技术而忽视客户和市场的工程师们能够更多地跟营销方面的专家一起工作。这样做最大的好处就是，华为能够因此建立一个以市场和客户为导向的组织体系。这样的一个组织体系其实正是集成产品创新体系的核心，集成产品创新体系的核心就是要以市场和客户为导向。

第六步：计划并取得短期成果

当把组织建立起来，并授权员工按照新的组织模式和组织变革蓝图去工作的时候，下一步就需要观察组织变革的整个进程。

需要学会去计划并致力于取得短期的成果。有时候，组织变革的过程很长，在这个时候，组织变革遭遇的内部阻力会越来越大。如果一下子把目标定得很远，整个团队就会在混乱的组织变革过程中失去信心。因此，这一过程的原则应该像林彪同志说得那样，"集小胜求大胜"。

比如说，我们今天歼灭三个鬼子，明天歼灭五个鬼子，然后把每步都算在组织变革的功劳簿上。这样的话，团队就会有气氛和心气来继续进行组织变革。短期内要庆祝小成果，不断将小成果汇成大成果。

第七步：巩固已有成果

接下来，我们就要巩固已有成果，并在组织内部迅速扩大成果。当我们在手机部门成功实现组织变革以后，我们就可以把成功的经验推广到服务器部门，然后再逐步推广到更多部门，最终让整家公司都能从中获益。

华为在进行基于集成产品创新体系的组织变革的过程中，选了几个试点项目,在这几个试点项目上花了很大的力气,还为这些项目请来最好的顾问。在这些项目的推进过程中,公司其他的部门和团队都可以来参观、访问、学习。这样就可以使一个好的结果在公司内部得以推广。

当这个过程结束以后,组织变革的整个过程也就差不多完成了。

第八步:使新工作方法制度化

最后还有非常重要的一步就是,把已有的成果制度化——这里包括公司内部的流程制度、薪酬制度和人力资源制度——然后形成一个新的惯性,这样就可以让改革深入公司的整个组织体系中。因为新的业务需要有新的组织体系来与它相适应、相配合。

经过这样8个步骤之后,一次组织变革的过程才算完成。

八步组织变革法:产生紧迫感、建立强有力的领导联盟、构建愿景、沟通愿景规划、针对变革建立组织、计划并取得短期成果、巩固已有成果、使新工作方法制度化。

怎样打破组织变革的障碍？

一个组织体系对于新的东西总归会有抵触情绪，而在组织变革的过程中，这种抵触情绪就会成为组织变革的障碍。所以组织变革能否成功，取决于组织能否克服组织变革所遭遇的障碍。

有哪些障碍？

● 思维定式与惯性

第一个方面的阻力来源于思维定式与惯性。

北大方正在做数字排版系统的时候，时常需要临时购买芯片，这是一种单件、小批量的购买法。因为数字排版系统定价较高，所以芯片相对于整个系统来说价值很小，在芯片上出了问题也不会造成太大的利益损失。但做个人电脑的时候，如果依旧临时去市场上买芯片，芯片价格较高，就会给企业造成很大的损失。这就是工作时的思维定式和惯性所造成的障碍。

这时，北大方正就应该积极做好预算，提前批量购置芯片，来降低整个生产中所耗费的成本。

● 汇报体系

第二个方面的阻力与原有的汇报体系有关。

在1995年联想的那场改革中，杨元庆被调到微机事业部之后，就要求所有部门都向他汇报。因为原本微机的生产是由生产部决策的，营销是由营销部决策的，采购是由采购部决策的，各方的意见时常不统一，杨元庆与很多老同事都发生了冲突，因此他需要把听取汇报和做决策的权利从原来的部门那里拿过来。

● 流程

第三个方面的阻力是流程。

我们还是以联想为例。联想以往的业务流程从采购开始，采购完成之后进行生产，生产完之后销售，这是一个线性流程。在这个流程中，采购部门只管采购，生产部门也只管生产。但杨元庆认为，应该把这个流程整合到一起，采购要与生产握手，生产也要与销售握手。而这样一个流程，是需要重构的。

● 消极行为

第四个方面的阻碍是消极行为。

有些人在面临组织变革的时候会观望和等待，这种观望和等待会降低变革的效率。

打破障碍

那么我们该如何打破这些障碍呢？

● 准备资源

在组织变革的过程中，我们需要准备足够的资源，因为所有的组织变革都是非常消耗资源的。

一部分被浪费的资源是为原来的做法买单。比如原来的做法做不成了，必须停在原地，企业就需要消耗另一部分的资源重新返工。

还有一部分资源可能被消耗在激励方面。比如说，我们需要额外设立一些奖励，如果员工按照新的方式去做，就能获得激励。

此外，为了新业务模式能顺畅运营，也需要花费资源。

所以我们说，组织变革是费钱的，进行组织变革的企业需要准备充足的资源。

● 打破常规

组织变革者需要打破常规。

比如说，柳传志让杨元庆去管理微机事业部的时候就完全打破了论资排辈的常规操作。这是打破用人的常规。

又比如说，早年招商银行要驱动一个基于信用卡业务的大转型。当时招商银行总部有一个信用卡事业部，但是原有的汇报体系不利于信用卡业务的发展，稽核、风控部门又对信用卡事业部有这样或那样的限制，有些限制其实并不符合转型的需要。于是马蔚华就决定索性把信用卡事业部直接放到远离总部的上海，并使信用卡事业部只需要跟行里面的管委会汇报即可。如此这样打破常规，才有后来招商银行信用卡业务的蓬勃发展。

● 重塑企业文化

企业的组织机制和惯性在一定程度上反映了它在过去成功的

过程中所坚持的价值体系。我们把这个价值体系称为"企业文化"。

为什么小沃森时代的IBM如此厉害？是因为IBM能够制造非常复杂的计算机，因此IBM的每个人都以自己是技术天才为傲，他们认为自己技术好，因此根本不愁找客户。这就是IBM当时所流行的技术优先文化。

当郭士纳上台以后，他提倡的理念是以客户为导向。因此，郭士纳就经常去拜访客户，甚至还要求公司里那些业务与客户相关、取得了一定成绩的领导人都要去拜访客户。由此，郭士纳在公司内部逐渐建立起客户第一的文化氛围，而这种氛围对IBM的转型来说是非常重要的。

组织变革的障碍：思维定式与惯性，汇报体系方面的障碍，流程上的阻碍，以及消极行为。

打破组织变革的障碍需要：准备资源，打破常规，重塑企业文化。

如何减缓变革对员工的冲击？

公司要特别注意组织变革对员工的冲击。公司只有学会应对这个，才可能发动员工积极参与组织变革。那么组织变革对员工的冲击有哪些呢？这取决于组织变革的深度。

对员工的冲击

● 财务上的冲击

大家都知道，组织变革有可能会造成员工的岗位和薪酬的变化，这是财务上的冲击。

● 社会地位的冲击

比如原来的一位高管，在公司进行组织变革之后，可能就不那么重要了，或者说不能掌握那么多重要的资源了，这样就容易产生社会地位上的失落感。

杨元庆去微机事业部当经理的时候还很年轻，他当时带了自己的副手刘晓琳一起进入微机事业部工作，而刘晓琳比杨元庆更年轻。因此，他们去的时候，原来微机事业部那些比他们资历老的老总在会议上说："杨元庆、刘晓琳来收编我们了。"这就反映出微机事业部这些高管对自己地位的担心。

● 心理和情感上的冲击

联想以往一直是实行直销制的,所以联想的老同志都是一个一个去拜访客户的,但杨元庆掌印后,建立了一个分销体系,使联想工作人员不需要直接面对客户,只需要驱动分销代理商面对客户。这个时候,原先那些跑客户的老同志就会从心理和情感上受不了,他们认为:直接面对客户时可以及时地知晓客户对产品的反馈,继而产生及时改进产品的办法;然而现在联想找了一堆分销代理商,那么如何才能得知这些分销代理商有没有善待客户呢?

因此,我们需要仔细思考自己的员工在组织变革时受到的冲击,仔细地予以应对,同时也需要通过这样一个过程来使全体员工全身心地投入组织变革的进程中。只有这样,我们的组织变革才能顺畅地进行。

如何减缓对员工的冲击?

那么在减缓员工所受到的冲击上,大概有四个方面的工作要做。

● 倾听

第一个方面是,你要去倾听。如果员工存在担忧和抵制情绪的话,那么你要了解他们担心和抵制的原因是什么。

在联想进行组织变革的过程中,有一个叫王平生的人曾帮助柳传志管理人事。他跟柳传志提出了一个建议:"你看公司现在这个样子像一口锅,水都沸腾了,水蒸气不停地往上冒。我们干脆在公司内部开放牢骚市场,让员工把不满意的事情说出来,然后我们再去一一解决这些问题。这么做之后,咱们就为组织的转型准备了新的工具。对于员工的担忧,能解决的我们要解决;不能解决的,也要跟员工说清楚。告诉他们,在改革和转型之后,他们会处于什么位置、应该做什么事情、能够得到什么。这样就会让员工安定一些。"

● 沟通

我在前面已经讲了很多关于沟通的内容,就是应该在什么层面上,通过什么方式与员工沟通。组织改革的进程基本上都需要有一系列的前期发动工作,我们把它叫作"先打雷,后下雨"。

● 创造员工参与的机会

在组织变革的进程中,要创造员工参与的机会。创造员工参与的机会就是要让员工在组织变革的整个进程中拥有主人翁责任感。

在可能的范围内,要让员工自主地来提建议,然后通过某一个过程把这些建议变成公司的行为。虽然员工的建议中有些并不会得到采纳,但是通过这样的方式,你会提高员工的参与度,让员工愿意去拥抱这种组织变革。这比员工提的建议具体是否可行、是否会有成本、是否耽误了眼前的时间重要得多。而且往往证明这是最高效的一种方式。

因此，很多时候，当你让员工成为组织变革的主人的时候，员工就会愿意学习、调整、适应，愿意在变革后的组织中发挥重要的作用。

● 培训

公司要对员工进行培训。因为几乎所有的组织变革都预示着有一部分员工要去做那些过去不熟悉、不了解甚至根本不会做的事情。为了做成这些事情，公司要预估员工的知识和技能的转换成本，并给予员工足够的关注和关怀。公司在这方面花成本是值得的。只有公司把员工的顾虑消除了，员工才会积极参与组织变革的进程，公司的事业才会红红火火。

组织变革对员工会造成财务、社会地位和心理情感上的冲击。组织可以通过倾听、沟通、创造员工参与的机会、培训等方式减缓组织变革对员工的冲击。

成功的组织变革领导者需要具备什么条件？

组织变革成功与否主要取决于组织变革的领导者。有人专门去研究组织变革的领导者,发现有效领导了组织变革的领导者基本上都具备以下这些条件。

(1)追求卓越

对于公司和自己有更高的期待。

(2)勇于挑战现状

敢于去做别人不敢做的事情。

(3)以身作则,主动行动

领导者愿意以身作则投入变革。

(4)激励自己及他人

领导者也是一个好的激励者——既会鼓励自己,也会激励别人。

(5)富有同情心,顾及他人感受

一个好的领导者通常富有同情心,能够很好地理解组织变革过程中员工的顾虑,并想办法来消除员工的顾虑。

(6)谦虚低调,分享荣誉

领导者在组织变革取得成功的时候谦虚、低调,并愿意把荣誉让给别人。

(7)用幽默化解困境

整个组织变革的过程可能没那么顺利,所以成功的领导者在应对组织变革过程中的不顺利之时,要能够轻松幽默地给自己和团队放松。

以上就是一个成功的组织变革的领导人在组织变革过程中所展现出来的领导力。而我即将在下面为大家讲解有关个体领导力的内容。

> 成功的组织变革的领导者通常具备以下特征:追求卓越;勇于挑战现状;以身作则,主动行动;激励自己及他人;富有同理心,顾及他人感受;谦虚低调,分享荣誉;用幽默化解困境。

本章小结

大型的组织适应环境的变化,小型的创业公司通过它创造性的活动来实现自己的竞争目标,并且改变整个行业的结构……这些改变都意味着组织内部必须进行更新,组织变革是组织发展甚至是组织存在的必选动作。

组织变革是有章可循的。

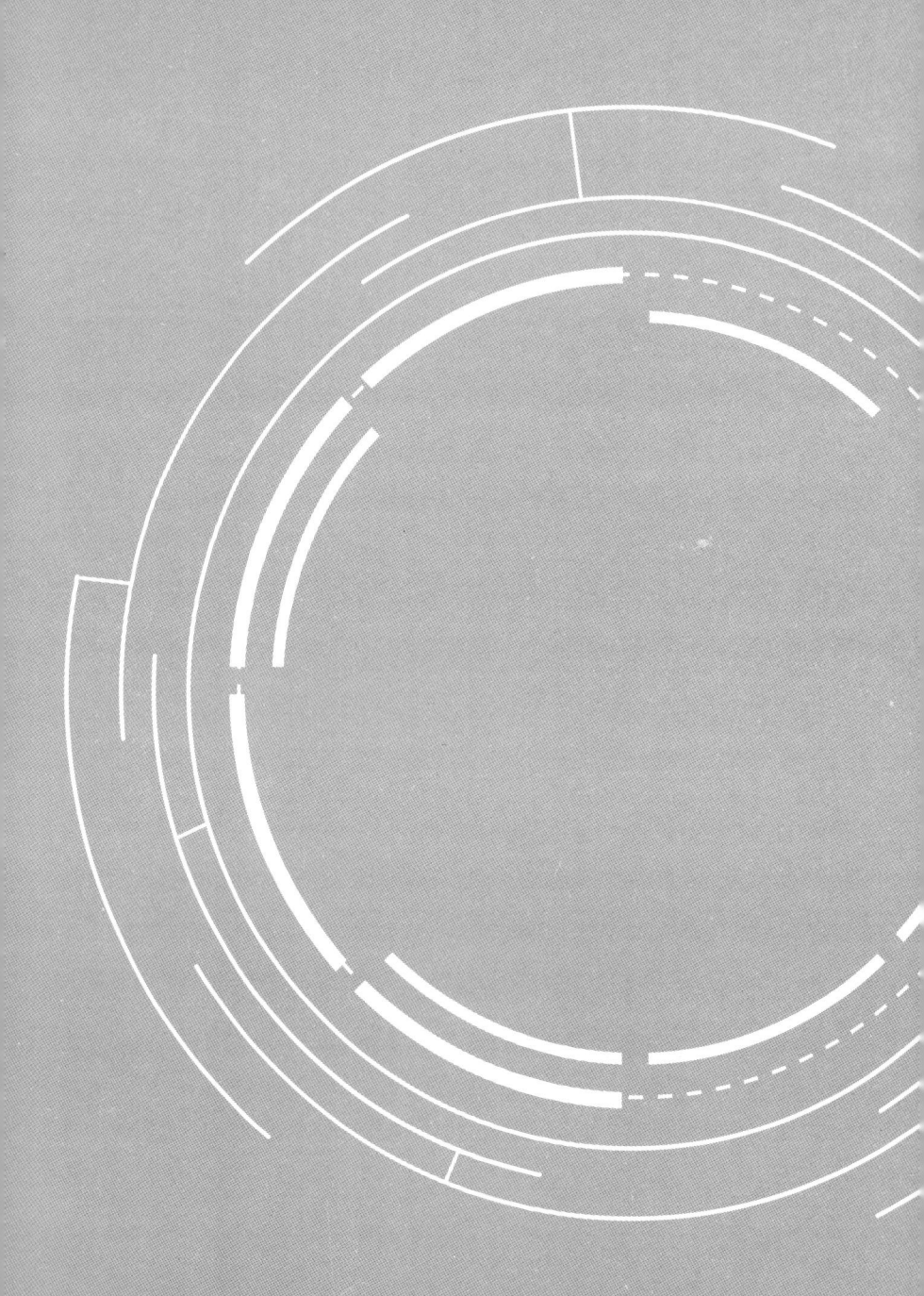

The Third Part

Leadership

第三部分

领导力

第七章 领导力：在组织中成就卓越

什么是领导力？

本书至此所讲的内容几乎都是"只见森林，不见树木"，只看到整个组织，却没有深入组织看个体。

从这一章开始，我就要从个体的角度来讲解整个组织中的领导者。

领导者和领导力

领导力是现在特别热门的词，几乎到处都在讲领导力。培训机构在强调领导力，甚至小学、中学也在讲领导力。为什么领导力现在这么热门？到底如何定义领导力？领导者和领导力二者之间又有什么关系？这是我们在展开组织中个体探究的过程中，首先要解决的问题。

● 什么是领导者？

什么是领导者？领导者就是带领大家做事情的人。

这里面涉及两个问题。第一个问题是：谁让你去带领大家？第二个问题是：事情做得怎么样？

在这个过程中，人们往往会基于过往的成就，把领导者分为有领导力的领导者和缺乏领导力的领导者。有领导力的领导者能够带领大家把事情做好，缺乏领导力的领导者带领大家做事情结果可能不好。

● 什么是领导力？

由于这个原因，人们把领导力定义为：通过影响他人达到组织目标的能力。

● 领导力（leadership）vs 管理（management）

大家仔细想一想，"领导力"这个词对应的英语单词是 leadership，它是指领导的能力，它来源于 lead（领导）这个单词。lead 和 manage（管理）的区别就在于：manage 强调组织内部正式的、有官方规范的管理过程；而 lead 更强调的是，领导和带领大家做事情。在这里最重要的一点就是，领导力是"带领"大家做事情的能力，而不是"管理"大家的能力。

● 领导力热的原因

我们要思考的是：为什么带领或影响他人达到组织目标这个问题现在会这么热？商业世界的变化发展使得现在 lead 比

manage 更重要。

第一,全球化的发展使得整个组织队伍的差异性和多样性越来越强。

设想一下,当你在线上选择学习一门课时,你的线上教师或者系统会随机为你指定两个小伙伴——一个来自南非,一个来自波兰——你们三人要组成一个团队来完成课程的 project(项目)。这样的一个团队与你和室友一起组成的团队有什么区别呢?其中最大的区别就在于,在你与南非、波兰的同学组成的团队中,团队成员之间的差异性和多样性急剧增强,会加大团队成员沟通、协调并相互理解的成本。

而这个新的趋势,不仅体现在国别和文化之间的差异上,还体现在代际之间。

第二,随着社会的发展,员工或劳动力的自由度增加了。

在我读大学的那个年代,大学生毕业后,一定要找一份工作,不管喜不喜欢,因为几乎没有人在财务上是自由的,大家必须先解决吃饭的问题,所以员工即使是很牛的大学生也不敢在单位里胡闹,领导说什么就是什么。

但是现在,随着经济的发展、社会的进步,整个劳动力市场已经实现了高度的自由化。人们可以从事自己喜欢的工作,还有很多人在还没有找好下家的时候就把工作辞了——他们把这叫作"裸辞"。

大家想一想,如果你们团队正在做一个非常重要的项目,而团队中有一个成员突然要辞职,这样就会对你们工作的绩效带来很大的影响。

第三,社会的发展日益动态化。

变化每时每刻都在发生,我作为教师的感受就更为明显。在过去,写一手好的粉笔字是成为一个好教师的重要条件。过了一段时间,我们要学会用PPT了。接着我们又要会用多媒体了。现在,我们还要会用MOOC,甚至学会直播。而这种变化就使得任何一个组织、一个学校、一个系或者一个教研组都处于不断变化的过程中。

在亨利·福特那个时代,流水线上的每个工人都跟机器的零部件差不多,因为他们都在做同一件事情。我们再看看现在的富士康,这些流水线上的工人已经完全不愿意再成为机器上的螺丝钉。这就使得协调和带领一个组织变得格外具有挑战性。这也就是说,传统的管理方式不行了,必须通过领导的方式,即必须通过带着大家向前发展的方式来领导企业发展。

当社会不断发展进步,总归会有一些新的东西和新的问题涌现,而这些新的东西或新的问题在刚开始的时候可能会被视为"异端邪说"。

数字照相技术刚出现的时候,大家都觉得用数字照相技术拍出的相片质量太差。最早发展数字照相技术的人就必须要面对整个组织甚至整个社会的质疑。但是随着社会不断发展,我们现在几乎很少再用传统的胶卷照相了。

在几年前,我们认为通过滴滴打车App叫车是完全违背国家对出租车行业的管制政策的。但是现在,政策在不断地变化,而在这个变化的过程中,很多处于社会边缘的事情逐渐成为社会的主流。而这种从边缘到主流的过程,对于一个从事这类业务的组织来说,是一个极大的挑战——它们必须走过最初不被社会认可的阶段。而在这个过程中,它们需要在得不到认可的时候依然坚持战略,保持自己团队的活力,待走过一个相对比较艰难的时期后就能拨云见日。

总结来说,形成"领导力热"的原因有这些。

第一,整个组织成员的多元化带来的挑战。

第二,组织成员的动态性,就是组织成员可以自由加入或离开一个组织。

第三,整个社会的变化导致组织环境的变化,致使你原来通过非常正规的、强制的方式来管理一个组织成员的方法不再管用。

这就是为什么从20世纪80年代到现在,领导力先成为学术界讨论的热点,后来又成为企业界甚至教育界的热点的重要原因。

领导者和领导力的意义

那么,领导力这么复杂、这么重要,那它对于那些现在正处于职业生涯早期的人，或者一个在校学生来说，意味着什么？

有的职场新人会说："我刚刚进公司，还是一个小兵，领导力与我无关。"有的在校生会说："我又不是班干部，我不需要有领导力。"其实不是这样的。

在工作和生活的过程中，我们都要与别人合作，都不得不推动别人做事情。

比如，大家是通过什么样的方式去建立或者实施一套制度，使得宿舍能够保持卫生？在这个过程中，你起到了什么作用？你的同学起到了什么作用？回到我们对领导力的定义，领导力是通过影响他人达到组织目标的能力。我们假设宿舍的四个同学就是一个组织，你通过影响他人达到寝室整洁的目标，这就是一个领导的活动。

再比如说，你可能会跟你的弟弟妹妹或者小伙伴一起相约去打球、骑马、跑马拉松或者唱歌。在这个过程中，其实都有领导的行为，而这种领导的行为都蕴含着一些关于领导力的基本道理。

领导力无处不在。领导力的关键点是：一是达成组织目标，二是通过影响他人达成组织目标。

关于领导力有哪些争论？

关于领导力，学界一直充满争议。

领导力是不是天生的？

按照我们刚才的定义，人人都曾经担任过领导的角色，但是每个领导所带领的组织的绩效可能是不一样的。那么在这种不一样的情况下，有的领导得好，有的领导得差，于是就有人会问：那些领导得好的领导是不是因为他们自己天生就具有很强的领导力？这就是人们关于领导力的第一个争论，即领导力是否是天生的。

领导力是普适的还是跟环境相关？

学界关于领导力的第二个争论是，一个有领导力的人是不是无论领导什么人都能领导得好？也就是说，领导力这种东西是完全普适的还是跟特殊的环境相关的？

我们在前面讲过福特的例子，福特这个人特别强势，刚愎自用，喜欢指挥所有人。那么像他这样的人是不是就只适合领导20世纪初的福特公司？如果他用这种方法来领导现在的福特公司，会不会一塌糊涂？还是他不但可以领导福特，还可以领导其他的公司？

领导者的目标？

第三个争论是关于领导者的目标。

什么是"领导者的目标"？我们在前面讲过，所谓的"领导"是通过影响他人来达到组织目标的行为，那么领导力就是通过影响他人来达到组织目标的一种能力。

在这里有两个关键，第一个关键是能够影响他人，第二个关键是达到组织的目标。

比较理想的状态是，两件事都能够达成。比如说，你是一个篮球队的队长，你在球队中威望很高，能够在很大限度上影响你的队员。而且你们球队的成绩还年年上升，去年在全市联赛中是第八名，而今年是第五名，到了明年可能能获得更好的名次。

但是人们发现，影响他人和达到组织目标两个关键之间的相关性并不是绝对的，也就是说，并不是能影响团队中的其他人就可以达成团队的目标，达成团队的目标也不意味着领导者能对团队中的人施加影响。现实中完全可能出现这样的情况：你在你的小伙伴中威望极高，大家都愿意听你的，但问题是你的组织的目标没有实现得很好，你的球队经常输球。

所以那种最好的情况——就是"既能够影响别人，又能够达到组织目标"的情况——只是很多种情况中的一种。更常见的冲突是，应该更多地去获得组织中的成员对领导者的认可，还是让组织来实现它的使命和目标,即使牺牲领导者的威信也在所不惜?这两者哪个更重要?

如何解决这些争论?

这些争论涉及领导者是否把自己与自己所在的组织之间的相互关系思考清楚了。争论了这么久,这些问题貌似是相互冲突的,但真正的领导力恰恰正是这些矛盾和冲突的综合体现。

"领导者是不是天生的"其实是在问领导者是不是具有一些特定的素质,而这些特定的素质恰恰能够使某些人更容易成为领导。但是你想一想,这个世界上有那么多人,每个人的性格都是不一样的,但是每个人的性格特征中总有一些是适合领导这个角色的。所以问题的关键不在于是不是找到了一个特别适合做领导的人,而是说这个人一旦坐上了领导的位置或者承担了领导的角色以后,是不是能够尽量地发挥自己性格中那些适合的部分,抑制不适合的部分。

领导力是不是普适的?领导力在任何情况下都是有用的,但是它必须根据环境的变化来不断进行调整。

领导者的目标是什么?一般来说,没有组织的绩效一直很差,但它的领导者还能够保持在领导位置上的情况,即便他与他的成员之间关系很好。其实原因很简单,因为在企业之间存在竞争,在这样一个竞争环境下,如果领导者长期不能给社会和股东带来特别优异的绩效的话,企业就会面临危机,组织就要解散,这个时候来谈领导者与组织成员之间的关系就没有意义。

关于领导力有很多争论,关键不在于这些争论本身谁对谁错,而在于我们是否能够对"领导者的特质""领导者和环境之间的关系""领导者的行为模式"这三方面的内容有一个清晰的认识,然后根据将来所处的情境进行调整,并在调整的过程中提高自己的能力。

一个优秀的领导者必须具备什么特质?

虽然人人都可能处于领导的位置,但是不同的人领导一个组织所产生的效果可能是不一样的,这就是我们要培养领导力的原因。

那么什么才是一个人的领导力?

最早的时候,人们会从担任领导角色的人的个人特质方面去比较谁更具有领导力。比如说,我们四个人一起去野外郊游,老师有点不放心,于是要指定一个人来当小组长。老师在指定这个人的时候会考虑谁更适合当这个领导,在这四个人中谁更有领导特质。

那么在商业社会中,我们所说的一个人的领导特质都包括哪些方面呢?

基本上包括两个方面,第一个方面是个人的性格特质,第二个方面是个人的能力特质。

个人的性格特质

第一个方面是,领导者一般会具备如下性格特质。

● 自信心

能够成就大事业的领导者往往具有强烈的自信心。为什么自信心对领导来说这么重要?

这是因为很多时候,领导所看到的事情或者所坚持的方向跟别人想象的是不一样的。而当领导对自己的判断或见识更有自信,他就更容易做出正确的决定。

领导者的自信心对承担领导责任也有帮助。

1982年,美国芝加哥有几名患者在使用泰诺后死亡。当时谁也不清楚是什么原因,但这件事却引起了媒体和社会公众的极大恐慌,大家都觉得泰诺可能是致死的最重要的原因。于是,当时各方的压力都集中到了强生公司(泰诺生产商的母公司)的CEO詹姆斯·伯克身上。

伯克对强生公司药品的研发流程和药品的质量很有信心，更重要的是，当面对整个社会公众舆论压力时，他对自己处理这件事情的能力充满了信心。他力排众议，召回了当时市面上所有的泰诺，并向社会公开整个过程。这样做是非常需要勇气的，因为万一泰诺是这次死亡事件的罪魁祸首的话，那么强生公司就会暴露在整个社会舆论的炮火之下。

当然，经过一系列详细的调查之后，人们得知，泰诺并不是导致这几起死亡事件的原因。于是，强生公司因为伯克的这个重要决策，不仅没有失去客户，反而赢得了客户的信任。消费者从这件事情上看到了强生的价值观——以患者的健康为先。因此，大家更加信任强生的药品了。

而在这个过程中，伯克力排众议做出的决定其实是整个事件的关键。在这样的社会压力下，坚持做出这样的决定是需要有很强的自信心的。

● 进取心

能够成就大事业的领导者还需要有很强的进取心。

影响社会进步的商业领袖基本上都会为自己和自己的组织设立一个非常高的目标，这样他才能激励自己和团队不断进步。

马云就曾说："我的使命是让天下没有难做的生意。"

特斯拉的创始人埃隆·马斯克曾来清华大学演讲，他在演讲中说，他做SpaceX就是为了去探索宇宙。

有这样的进取心,又能够脚踏实地,是一定能做成大事的。

只有先想到大事,想到大事之后又愿意为之努力,这样才能做成大事。

● 个性特质

个性特质说白了就是一个人的性格,一个人性格中的既定模式决定了他将会成为怎么样的人。

个性特质包括五个方面。

第一,一个人是外向还是内向。

第二,一个人是相对开放还是相对封闭的——相对来说,开放的人更能接受各种各样的想法,更有创造力,对于那些与自己原有观点不符的新思维也能够保持一个开放的心态。

第三,一个人的责任心如何——是愿意承担责任,还是保持界限,多一分也不愿意做。

第四,在与他人相处的时候是否随和——是否愿意倾听他人的感受;是知道他人有顾虑就放弃,还是说会千方百计说服别人,如果对方不服,还会强制实行。

第五,克制力如何——当遇到压力、遭到批评或者不顺的时候,是否能够保持冷静、克制。

外向性、开放性、责任感、随和性和克制力五个方面就构成了一个人的个性特质。

需要强调的是,我在这里并没有说拥有什么个性特质的人一定适合做领导。比如说,外向的人更容易与人交流,因此他在说服别人的方面是占有优势的,但这并不意味着内向的人就不能做领导。有一些领导不仅有一点内向,而且还容易害羞。

所以,核心问题在于领导者是不是能够根据自己的特点去寻找适合自己的领导方式和领导情境。核心问题是一个关于匹配度的问题。

个人的能力特质

第二个方面是,领导者必须具备哪些技能或者说才能。

领导者的才能包括以下三个方面。

● 认知能力

认知能力是指,对纷繁复杂的信息进行分析和提炼,做出正确的决策来解决问题。

认知能力包括三个部分。

(1)感知

感知就是我们通常所说的一叶知秋。

20世纪90年代,三星集团前会长李健熙去美国时,发现三星的产品都被商店摆在便宜货区域——当时的美国市场将来自韩国的三星产品当作低档货。于是他立刻决定加大对三星研发的投入,要开发最好的产品,一定要使三星制造的产品成为人们愿意购买和使用的优质产品。李健熙就是从产品的摆放位置中判断出美国市场对三星产品的态度,从而改变了三星产品的定位。

(2)推理

推理就是在事情发生的过程中,对事情进行判断。比如一片树叶掉下来了,它是被风吹落的,还是这片树叶已经枯了呢？你需要进行分析推理,然后做出正确的判断。

有一个企业家在下班回家的路上听到广播里说:"从下周一开始,某市要实行机动车限号购买政策。"他听到这个消息的时候是礼拜五,当时所有人都已经知道这个消息了,但是其他人并没有任何反应。而他却立马掉头,去4S店买了20辆汽车。并不是因为他有钱——他当时为了买这20辆汽车四处找亲朋好友借钱——而是因为他当时快速做了一个推理,如果下个星期限号的话,那么汽车牌照资源将会成为未来市场中的稀缺资源,而他则快速占有了这种稀缺资源。

(3)表达

因为只有你表达出来了,你的指令和理念才能为别人所知,为你的团队成员所理解。

京瓷创始人稻盛和夫就把自己对人生成就的认识表达成了一个公式。这个公式是:人生的成就＝能力×努力×态度。然后他还说,能力和努力的范围是从0到100,而态度的范围是从－100到100。这样三者相乘,不同的人会有不同的成就。

他用这个公式在公司里面鼓励和激励他的员工要有正确的工

作态度,要勇于学习并努力工作。这样一种表达,使得他不仅把他的态度表达出来了,而且能够使他的观点被别人认识和理解。

● 专业能力

专业能力是指,无论从事哪一行,领导者都应该有这一行所需要的专业能力。比如领导一条以研发为主的业务线,领导者就得懂研发;如果领导一家汽车公司,领导者就要懂汽车行业的基本运作。

专业能力分为两部分,一个是与他从事的工作相关的专业技术能力;另一个是与他所领导的组织相关的组织能力。因此,专业能力是技术能力加组织能力的总和。

在现在这个社会中,你会发现有很多跨界的业务,一家企业的业务可能横跨多个领域。人们也不再从一而终,一辈子只为一个组织工作。因此在不断变化的条件下,技术能力和组织能力都是不断变化的。这就需要领导者与时俱进,不断地学习和调整,提高自己的专业能力。

● 人际能力

领导者需要与人打交道,因此必须要有人际能力。

人际能力又可以分为两部分,第一部分就是我们常说的沟通能力,另一部分就是社交能力。社交能力与沟通能力有相同之处,但又不完全相同,社交能力是指你在社会中能创造一个对自己有利的社会网络。

领导者的特质基本包括两个方面：一是领导者的性格特质，二是领导者的能力特质。如果一个领导者的性格特质和能力特质与他所领导的团队和团队所面临的任务相匹配，那么这个领导者就很有可能成为一位拥有较好绩效的领导。

领导者面临着怎样的挑战？

假如你在一个团队里面，因为自身很有领导力，所以被选为领导。那么接下来你将面临的工作状态是什么样的呢？

一位初次成为领导者的人，在组织中的定位发生了变化。原来大家都是平等的，一旦有一个人因为某些原因成为领导以后，就会出现他领导别人的情况，即出现领导者和被领导者。如果这个被领导者是心甘情愿被领导的话，那么领导者与被领导者之间就形成了领导者与追随者之间的关系。但是这种领导者与追随者之间的关系不是一下子就能建立起来的。在这个过程中，领导者要面临很多挑战。

挑战一：个体贡献者 vs 事情的负责人

你原来是团队中成员的时候，其实是一个个体贡献者。当你完成分内事之后，剩下的事情你愿意多干就多干，不愿意多干就可以不干。但是你成为领导者之后，当业务出现问题时，就会有客户或者上级部门、其他部门的员工来跟你沟通。因此，你就从一个个体的贡献者变成了对事情负完全责任的人。

挑战二：对自己的事负责 vs 对别人的事负责

领导者要靠别人来实现自己的理想。也就是说，你可以享受团队工作做得好的成果，但当你的下属做得不好，你也需要为下属做得不好的部分负责。因此领导者需要有效地来领导别人，使得团队能够做得如你想象的那样。这就需要领导者在考虑某件事情的时候，要有更宽的视野，预想一些还没有发生的事情。

挑战三：自由 vs 掣肘

当了领导是不是就意味着你终于可以自由了，可以不用干具体的活了，可以不用被领导指手画脚了呢？不是，其实当你是团队成员的时候，你更自由一些，因为你可以按照自己的方式把自己的活做出来，然后把它交出去。但是你一旦当了领导，由于你的团队成员每个人心里所想的事情不一样，即使你做正确的事情，也可能会受到团队成员掣肘。

这就是我们通常所说的"一个人在干,两个人在看,还有第三个人在捣蛋",而那个"捣蛋的恶人"很有可能就是你领导的团队中的一员,所以领导不见得是自由的。

挑战四:权力与责任不对等

在现实情况中,领导的权力和责任往往是不对等的。那么什么叫权力和责任不对等?在很多时候,领导者其实要承担更多的责任,但是他并没有那么大的权力。

举例来说,当你在寝室里提出大家轮流打扫卫生这件事情的时候,如果寝室没有寝室长,那么别人为什么要听你的?你希望寝室保持卫生,你就要对你提出的这件事情负责,但是别人却并不见得要跟你合作。俞敏洪曾讲过一个故事,他在寝室里面为了让大家都能喝到开水,所以成为寝室里打开水最多的那个人。也就是说,领导者在某些方面可能要吃亏。

大家可能会觉得,我讲的这些都是非正式组织。其实在正式组织里面,往往也会出现权力和责任不对等的情况。在大多数时候,那些有成就的领导者往往是在权力和责任不对等的情况下做出了业绩。

有很多台湾企业家在说到授权和授责的关系时,往往会说"先授责,再授权"。这句话的意思就是说,我先不给你权力,也不提拔你，就叫你去把这件事干成。如果你在没有权力的情况下就把这件事干成了，那么我再把权力授予你，这样你就能够做更大的事情。

作为一个领导者，面临这样的挑战时，他与组织之间是什么样的关系呢？如果你能够把事情做好，就说明你能够迎接当领导的挑战，有能力把组织理顺、把业务水平提高，组织也就会给你更多的机会，让你进一步来提升自己的领导力，在组织中取得更好的绩效。这样你就可以一步一个脚印地在个人的领导力和组织的绩效之间形成一个正向循环，使得自己的舞台越来越大，事业也越做越大。

所以领导者在初登领导岗位的时候，一定要对自己所面临的挑战有一个正确的预期，这样才能更好地领导别人，使自己的事业得到很好的发展。

领导者面临四大挑战，即从个体贡献者到整件事情的负责人、从对自己的事负责到对别人的事负责、从相对自由到处处掣肘、权力与责任不对等。

领导者如何完成自己的使命？

身处领导岗位，需要同时面对那么多挑战，那么领导者需要怎么做才能够有效完成自己的使命或者任务呢？领导者的行为模式是什么样的呢？行为模式，就是指领导者做的事情跟别人做的事情有什么不一样。

共享愿景

- 创立
- 传递（形象化、符号化、象征化）
- 共同化

第一，建立一个所有组织成员共享的愿景。意思就是说：三五年甚至10年之后，我们要成为一个什么样的组织？组织成员一起努力，最终能够达到一个怎样的目标？这就是我们所说的愿景。

一些新创企业寻找投资人的时候，很多投资人会问该企业的创始人这样一个问题："你的愿景是什么？很多企业家是从国家和民族振兴的角度来树立企业愿景的。比如在倪润峰的时代，长虹的愿景就是要实现产业报国，使自己成为所在行业的全球知名企业。

当然，建立愿景光嘴上说说没有用，还要有办法让组织中的所有人来共享这个愿景。所以领导者要让组织的成员来共同参与愿景的建立,愿景建立以后,再把它提炼成标语,进行传播,让这些愿景深入人心,以此来激励每个人。

当你去访问一家企业的时候,如果这家企业的每个人都能当着你的面自然地甚至自豪地说出公司的愿景,那么你就可以判断,这家企业的领导人成功地在自己的组织内建立起了企业上下共同的愿景。

挑战现状

● 目标要在拉伸区

● 寻找新机会

第二,一个领导者往往会有挑战现状的雄心壮志。

倪润峰提出要产业报国的时候,长虹还是一家规模非常非常小的企业;马云要进军电子商务领域,提出"让天下没有难做的生意"的时候,他也受到过冷嘲热讽。但是如果不能够挑战现状,就会沦为平庸。别人为什么要跟着这样的领导者走呢?所以领导者往往要有挑战现状的勇气。

挑战现状是一个循序渐进的过程。我们经常会说,一个人和一个组织的进步要在所谓的"拉伸区"。什么叫"拉伸区"?就是你和你的组织所设立的目标需要你们跳起来才能够得着,需要你们将身体完全伸展了才能够得着。拉伸区是一个很好的目标区域。

现状之所以会存在一定是因为它有存在的必然性,但现状不是不可改变的,领导者要找到现状改变的突破口和新机会。例如,面对打车市场现状,滴滴打车最开始找到的突破口是出租车和乘客之间的信息不对称,通过这个机会,滴滴打车培养了乘客的用车习惯,即先用软件叫车。当滴滴打车掌握了乘客,又用共享汽车的概念连接了接单司机和乘客之后,出租车公司就不是打车市场唯一的供给方了。

以身作则

- 明确价值观(到底什么是重要的?)
- 信守承诺

第三,领导者以身作则不仅仅是为了号召追随者,也是为了给追随者树立榜样。如果领导者自己提出的事情,自己都不愿意干,或者自己都不能干,那就没有人愿意去干,也没有人愿意跟着领导者去干。

首先,要明确自己的价值观。如果领导者要独立承担团队内部所有的事情,一定会忙不过来,但是如果授权别人做,可能会得不到想要的结果,甚至是得到相反的结果。那么用什么来保障在执行上不会产生太大的偏差?就是价值观。领导者可以通过确保员工所做的事符合组织整体的价值观和方向来保障组织产出的结果。

比如，医药公司的产品关乎人命，所以医药公司往往会把患者的利益放在第一位，这也是强生公司最重要的信条之一。詹姆斯·伯克在处理泰诺事件的时候，首先就明确地说明"患者的利益是第一位的"，尽管他相信强生公司的产品是好的，不是导致死亡的主因，但是只要患者还在犹豫，他就把所有的泰诺召回并认真调查。这就是我们所说的价值观要明确。

其次，在明确了价值观以后，你就应该信守诺言。对于一个人来说，"人无信不立"，对于一个组织来说也是一样的。如果我们口头上说"把患者利益放在第一位"，可是当患者来投诉服用我们的药有不良反应时，我们却在推卸责任，就说明这个组织的价值观其实并没有被建立起来。更重要的是，如果一个领导者不懂得信守承诺，团队也会因此对他失去信心。

柳传志在建立联想公司的时候，经常讲一个原则叫"说到做到"。柳传志在公司内部开会的时候，要求迟到者罚站。当时柳传志住在北京城西边，但时常要去北京城东边开会。为了自己开会不迟到，他甚至会在开会前一晚去北京城东边的酒店住宿。柳传志自己是这样做的，那他在公司内部开会时说"迟到要罚站"，就不会遭到大家的非议。

当然，在信守承诺的时候，领导者往往要学会吃一点亏。为什么呢？因为"干部干部，先干一步"，你对别人的要求是 100 分的话，你对自己的要求就得是 105 分，甚至是 110 分，这样才更容易形成感召力。

这就是我所说的"以身作则"。

使众人行

- 我还是我们?
- 使他人感同身受
- 分享权力、自主权

第四,领导者要带着团队一起走,而这个过程往往是领导者工作中花费精力最多的部分。因为即使再以身作则,也做不了那么多人要做的事情,所以唯一的办法就是让别人能自愿自发地跟着你一起走。

当去拜访一位企业的领导者时,我们可以仔细听一听,他在说话的过程中,是用"我"这个词比较多,还是用"我们"这个词比较多。然后再去听他的下属和他的员工说话时,是用"我"比较多,还是用"我们"比较多。因为措辞是一个非常重要的标志,它可以评定该组织里面是否形成了一种集体意识和集体行为。很多时候,如果一个领导人过多地强调自己,就意味着他在领导组织的过程中也会更多地从自己的角度出发,而不是从团队和组织的角度出发,更不会从组织外的角度来思考。

华为曾提倡"成则举杯相庆,败则拼死相救"的企业文化。也就是说,你的成功有我的功劳,你出现了失误,我也要努力去救。

这样的话,所有的成就都由整个团队来共享,所有的失败都由整个团队来共同承担。这样的企业文化会让团队成员建立归属感,同时受到激励。

此外,领导还要为自己团队中的下属提供学习和成长的空间,而最好的学习就是在实践中学习,所以领导者需要给下属实践的自主权。

有一个企业家曾经跟我说过他是如何领导下属的。他是一个很有经验的企业家,他在外出谈合同的时候,经常会带着下属一起去。他说他和下属谈合同要经历三个阶段:第一个阶段,下属只听不说;第二个阶段,询问下属该怎么谈、领导谈得怎么样;第三个阶段,下属征求领导意见,领导不谈下属谈。他通过这样的方式让成员拥有自主权,让他们具有主人翁意识。当他们认为这件事由他们负责时,就会愿意学习和承担责任。

但是这位企业家也告诉我,当下属谈的时候,成功的概率会比他自己谈低很多。但是他可以承受,因为只有通过这样的方式,才能培养一个人,等那个人上道以后,他的负担就减轻了很多,他就有时间和精力去做别的事情。

这就是他的领导之道。领导之道的核心就是使众人行,就是要带着大家一起来做事情。

激励他人

第五，领导者要学会激励他人。

如何让团队成员觉得做这件事情是有价值、有意义的，然后让他们自觉地、自愿地、自我激励着继续往前走。当处于一个较大的组织体系里面的时候，对于那些重要的、关键的任务，领导者要学会用正式和非正式的方式来激励团队成员。

正式的方式比如薪酬、奖励。

非正式的方式比如：如果某员工做得好，就请他跟CEO一起吃顿饭——对于一个基础员工来说，这是一个很好的奖励。当然了，还有其他各种非正式的激励方式。

杰克·韦尔奇就曾说过，他发年终奖金的时候，往往会把下属叫进办公室，当面给他写一张支票，说："因为你上一年度××事情做得很好，所以公司董事会决定给你××奖金，并希望你继续努力。"然后亲手把支票递给员工。这对于下属来说其实是一个很大的激励。

我有一个学生，在上海是一个非常成功的企业家。他在创业早期的时候，企业的资源并不多，但是他自己采用了一个不用耗费太多资源就能激励团队的好办法。他将每个星期五下午设定为公司的成就日，在每个星期五，他都会让前台买一些小吃，然后再挑出这一周团队所做的最能带来成就感的一件事情，让大家边吃边就这件事情进行分享。有意思的是,所有人都不知道这个小吃是什么,也不知道这件最能带来成就感的事情是什么,只有到了每周五下午4点,即开会之前,这些问题才能被揭晓。久而久之,每到周五下午,大家就会很期待两件事情:第一件事情是今天的小吃是什么,第二件事情是吃这个小吃是因为我们这一周做对了什么事情、是谁做的。

他通过这样的方式激励团队成员,度过了创业初期最艰难的日子,并让他们的创业过程充满了欢乐。

> 从行为模式的角度来说,一个领导者基本上可以做这么几件事情:第一件事情是要建立共同的愿景,为公司绘制一幅未来的蓝图,并让全体成员接受;第二件事情是挑战现状,为公司设计一个只要"跳一跳"就能够得着的目标;第三件事情就是要以身作则,起到模范带头作用;第四件事情是要有办法,不仅要自己做,还要使众人行;第五件事情就是,这件事情做好了以后,要学会用好的方式来激励员工或组织向正确的方向继续努力。
>
> 当这五件事情做好了以后,我们基本上就可以说,一个领导者完成了他该做的事情。

本章小结

在本章大家大致了解了成为一个领导者意味着什么,谁可以成为领导者,领导者要做什么事情。当然,领导者要做的事情是通过与团队成员之间的互动来完成的。这种互动预示着,领导者需要通过自己的方式来影响别人,而这种影响力是构成领导者所要做的事情的基础。

在下一章内容中,我会着重讲解与权力和影响力相关的概念。

第八章　权力与影响力：领导力来自哪里，又如何发挥作用？

领导力、权力和影响力之间是什么关系？

在上一章中，我们讲了如何成为一个领导者，以及领导者都是什么样子的。上一章是从领导者个人的方面来定义领导者的，但事实上，对所有的领导者来说，如果他没有跟周围的人或是环境进行充分的互动，那就不可能成为领导者。所以这一章我们要从另一个角度来看，究竟是什么使得领导者能够领导他的团队和合作伙伴做事情。

"人上一百，形形色色"，每个人都有自己的态度和行为方式，一个领导者要带领一群人会面临很多的挑战。从追随者的角度看，领导者不仅需要说服别人被自己领导，要吸引别人成为自己的下属或吸引别人跟自己一起合作，而且还需要告诉别人，干这件事情能有什么好处,以及如果干得好的话,会得到怎样的回报。

因此,领导者在跟自己的追随者打交道的过程中,需要有一些具体的方式方法。

那领导力到底是怎么构成的呢?我们要先讲两个重要的概念。

领导力的基础是权力

领导者会运用权力对别人产生影响。

什么是权力?一讲到权力,肯定会有人认为,只有一个身居高位的官僚或者是企业的高层领导人才拥有权力。实际上,权力的定义要宽泛得多。

权力是一种潜能,是一个个体或者团体能够影响另一个个体或团体的态度、行为和思想的力量。这就是说,拥有权力就使得领导者有可能影响别人。

权力可能会影响别人的态度。原来你可能对同性恋持否定的态度,但是在某些人跟你沟通交流之后,你觉得同性恋也可以被接受。

权力还有可能会影响别人的行为。这一点我们大多数人都可以感受到。比如,当你跟着某位领导工作之后,学到了很多的方法和技巧,你的工作效率得到大大的提高,你的工作习惯也发生了改变。这就是权力影响行为的体现。

当然，权力还会影响别人的思想。很多时候，我们的新思想、新观念都是因为受到别人的影响而产生的。

权力是在日常的工作中，在人与人之间的交互中发生作用的。

影响力

公司的最高领导人确实有很大的权力，而且有各种各样的权力，但是他不见得会用这些权力。他在使用这些权力的过程中，会产生影响力。

比如说，在组织内部有权力的领导可能会对你下达指令："今天你得帮我把这事儿干了，不然我就炒掉你！"你不想丢掉这份工作，于是就只能按照领导的指示去干。在这个过程中，领导对你产生了影响，他影响了你的行为。而他影响你行为的这个过程，就被我们称为"施加影响力"。

那么是不是有权力的人就会有影响力呢？不一定，因为许多身居高位的人有各种各样的组织权力，甚至还能够掌握庞大的预算，但他们如果在组织中对组织的驾驭和把握能力较弱，或不能有效地来影响组织成员的话，他们就会逐渐丧失组织成员的支持，最后黯然离开领导岗位。在这种情况下，即使他们有权力，也难以造成影响，甚至不得不离开那些赋予他们权力的岗位。

所以，权力只是一种潜能。领导使用权力所产生的影响既可能是正的，也可能是负的。在上面那个例子中，领导者就很可能产生负的影响力,然后离开领导岗位。

在这个过程中,如果领导能够持续地、有效地运用其影响力的话,就有可能带领组织达成一个又一个目标,整个组织的成员也愿意跟着他达成一个又一个的目标。这样的一个过程,就展示了他的领导才能。

因此,如果权力运用得当,产生有利于组织目标的影响力,就可以使得被领导者团结合作起来共同达成领导者为组织设定的目标。

关于领导者的领导力,归根结底,我们要关注两个重要的东西:第一个是重要的、基础的东西,就是领导者的权力;第二个是当领导者有了权力之后,如何来发挥影响力。

权力有哪些种类?

权力是领导力的基础。那么是不是你必须成为一个领导,才会有权力呢?并不是,权力有好多种类。

法定权力

第一类权力是法定权力。

如果你在一个组织中能够担任一定的领导职务，或者这个组织的岗位描述中确认你承担了领导的任务，那么它当然会赋予你一部分权力，我们将这个权力称作"法定权力"。

法定权力是组织中正式的职位所赋予的权力。如果你是一个项目小组的研发经理，那么这个位置就给了你分配项目预算的权力，听取所有同事工作汇报的权力，以及指导团队先暂停A工作办理B工作的权力。而这种法定权力是由组织的结构和组织的规章制度来定义的。

奖赏权力

我们把第二类权力叫作"奖赏权力"。奖赏权力就是指，如果你可以对别人的行为做出奖励，并对别人产生影响，那么你就对别人有了奖赏权力。

这类事情在日常生活中很常见，比如在我们小时候，父母都会跟我们说："你这个星期如果好好写作业，我就带你去吃一次麦当劳。"这就是指，父母对孩子有奖赏权力。

这种现象在组织中就更正常了。如果员工在工作中表现得好，经理就可能在分配年终奖金的时候，给员工多分配一些。

以上是正式奖赏的例子，当然还可能会有一些非正式的奖赏。比如说，如果某员工在组织中做得很好，并且大家都知道他做得好。过了几天，有领导要来该单位视察，可能会找几个基层同志座谈，那么那个工作做得非常好的员工就有可能被列为参与座谈会的成员之一，也就有机会去接触更高级别的领导。这对该员工来说，也是一种奖赏。

因此，奖赏可能是非正式的，可能是一次谈话、一起吃饭的机会或者一次培训，这同样会对员工产生影响。

强制权力

第三类权力是强制权力。所谓"强制权力"就是，领导可以对某些行为进行某种惩罚或者强制员工做出某些行为。

有一些正式使用强制权力的方式。比如说，领导可以让员工降职、降薪，甚至可以直接把他解雇，这些都是领导对强制权力的应用。

还有一些非正式的方式。比如说，领导对某员工提交的报告不甚满意，可员工的行为又并未达到要被降薪、降职的程度，在这种情况下，领导就会选择冷处理。该员工本来要建议领导开一个现场会来推广公司的经验，领导却说："这事儿先放放吧。"这也是领导运用强制权力的体现，就是领导可以选择不干某件事情。这意味着领导对员工不认可，所以强制性地叫停了员工的行为。

奖赏权力和强制权力,既可能发生在上级对下级时,也有可能发生在同级员工之间,甚至是下级对上级时。比如说,你抽调公司各部门的同事组成了一个小团队来共同做一件事情,其中有个部门的同事工作表现特别好,所以你在见到他所在部门的领导时,大大夸奖了这位同事,而你的夸奖对那位同事是有正面影响的。

专长权力

第四类权力是专长权力。

专长权力就是你有特定的知识或技能,以至于别人必须受你的影响。因此,我们把基于特定的信息、知识和技能的权力叫作"专长权力"。

比如说,你去工厂工作不久就被任命为车间主任,但其实车间里面有好多工种你都不熟悉,因此你的每个下属对你来说都有专长权力。如果今天机修工对你说,"这台机器今天没办法工作",那么你就没有办法安排生产。但实际上你并不知道这台机器今天是真的没办法工作,还是这个机修工不愿意修理机器,导致这台机器没办法工作——他有专长权力而你没有。

又比如说,你知道外边原材料的价格,但是你的领导和同事不知道,那么你的领导和同事就要依赖你来获得信息,于是你就拥有了一些权力。

这种专长权力,使得管理者在与下属的博弈中不见得完全占有优势。

感召权力

第五类权力是感召权力。感召权力来源于别人的爱戴或者拥护。

大家可以仔细观察一下一群小玩伴,会发现在这些小玩伴中间常有刺头,可偏偏就有一堆小孩儿愿意跟着这个刺头。

这种现象在正式组织中也是十分常见的。比如说,员工中总会因为某种原因存在一些超越组织正式机制的意见领袖,这些意见领袖要么在公司内部资历很深,对公司的情况很熟悉,要么在公司内部积累了很多人脉,所以他在组织内部说话的时候,别人愿意听。所以领导有时候也愿意通过他去做普通员工的工作。

这些人以自己的个人魅力来吸引别人跟随他、模仿他,以及为他工作,以这种方式形成的权力被称为"感召权力"。

权力分为五类：

第一类是法定权力，在组织内部拥有的正式职位所给予的权力；

第二类是奖赏权力，可以对别人的行为做出奖励或鼓励的权力；

第三类是强制权力，可以对别人的行为做出惩罚的权力；

第四类是专长权力，因为特定的信息、知识和技能而获得的权力；

第五类是感召权力，因为具备特定的魅力，可以吸引或者鼓励大家跟随而获得的权力。

实际上权力的范围远比我们通常所认为的在政府机构或者企业组织中由位置来定义的权力的范围要宽广得多。也正因如此，我们能够看到任何一个普通人在他普通的岗位上，都有可能有一个自己的权力组合。如果能够有效地应用这个权力组合，就有可能产生影响力。

权力来自哪里？

我们每个人在组织中都会有权力，那么我们的权力到底来自哪里呢？接下来我要介绍权力的三大来源。

职位权力

我们把第一种来源的权力称为"职位权力"。这种权力来自所在的部门、所负责的岗位。

在同一家公司里面，职位权力意味着你掌握多少预算，有多少人跟你汇报，以及你在业务内有多少影响力。这些都是来自职位的权力。

我们经常说，一个在大公司工作的部门经理跑到一家小公司谈生意的时候，他可能会比那些小公司的总经理还要有话语权。这就是由他的组织，以及他在组织中的岗位所决定的。

在一个组织中，一个人职位权力的大小基本上是由四个方面所决定的。

● 中心性

中心性是指，你所在的部门在组织中是不是处于核心和关键地位。你是核心部门的关键岗位，那么你的权力相对来说就大。

● 自主性

自主性是指，你的部门或者你的岗位能不能让你自己自主灵活地处理一些事情，而不是按照公司的规章制度一板一眼地做事。

比如说，公司给予你们部门一块特支预算，你可以自主支配这部分预算，这时你的权力自然就会比那些只有常规预算的部门的领导者大一些。

● 可见性

可见性是指,你的工作成绩或者工作成效是不是能不断地展示给各个利益相关者,并在利益相关者中产生影响。

比如说,如果你没有及时汇报,你的领导可能会第一时间来找你,那就说明你的工作在公司内部很受重视。如果你的工作能够每天被领导看见,那么你在公司内部就非常有话语权。这就是所谓的"可见性"。

● 相关性

相关性是指,一家公司在发展的过程中,在某一时段总归会有重点工作和非重点工作,那些从事重点工作的部门的领导者拥有的权力会相对较大。

如果一家制造业公司近期的战略是要向智能制造这个方向转型,那么对制造进行智能改造的相关部门,比如 ERP(企业资源计划)、技术部门就会成为关键部门。因为关键部门与公司近期的战略相关性更强,因此在公司内部,即使是同一级别的员工,权力也有可能是不一样的。

那么就会有人问,积累职位权力的办法是什么?积累职位权力的过程是一个从低职位向高职位,由边缘部门到中心部门,由非关键岗位到关键岗位的过程。

个人权力

第二种来源的权力是个人权力,它与岗位没有关系,与个人的技能、人品有关,它往往来自四个方面。

● 专长

第一个方面是专长。

比如说技术专长。我的一个学生在数字方面有专长,虽然他根本不是学金融的,但是他去了证券公司工作之后,也获得了别人的尊重。同理,如果你是一个天才的软件工程师,那么你在软件编写方面就非常有话语权。

又比如说人际专长,善于跟人打交道、善于说服别人、善于应付团队之间的冲突都是有人际专长的表现。如果你是一个谈判专家,那么你在一家公司的销售部门里面权力就大了,这种权力就来自你在谈判方面的经验和优势。

再比如,预测和谋划一个组织未来的专长。在公司逐渐壮大的过程中,这种专长会越来越重要。如果这是你专长的一部分,就意味着你可能是公司参谋班子中的一员。在一家公司里面,像企划、参谋这种岗位往往是十分核心的岗位。

所以,个人专长是个人权力的一部分,你要学会有效地运用它。

● 努力

第二个方面是个人的努力。一个人的努力最后能够形成权力，主要有三个原因。

第一个原因，在努力工作的过程中，你可能会积累专长，但是更重要的是，努力工作这种行为本身对其他人是有感染力和影响力的。如果一项工作的结果不是很好，别人也会因为你个人的努力而相信这是一项艰巨的任务。

第二个原因，你努力工作展示了你对这个组织的忠诚度。

什么叫你对这个组织的忠诚度？就是以厂为家、以公司为家的这种心态，这是主人翁精神。

第三个原因，你的努力能够体现出你对战略方向的坚持。当市场上有风吹草动的时候，你是不是能够坚定地坚持公司原来的方向、坚持你原来的目标，这种坚定性也是你个人权力的一部分来源。

如果你是一个随风倒的人——张总说某业务不错，你就随声附和；李总说该业务发展不起来，你就说要放弃该业务——这样你就在组织内部给出了自己方向含混的信号。这对于你自身权力的积累来说，并不是一件好事。

● 吸引力

第三个方面，是你的吸引力。在组织内部，个人魅力、外表、与人为善的性格，都会对别人造成影响。所以基于这种吸引力，别人愿意跟你聊天，或者是愿意把好事和坏事都跟你分享。在这个过程中，你就逐渐积累了可能会对别人造成影响的潜在的可能，即我们所说的权力。

● 正当性

第四个方面是正当性。

所谓"正当性"，就是你在公司内部树立了正直、诚实等特别符合公司价值观和企业文化的形象。而这种形象是你在公司长期发展的过程中树立起来的，这样的人品会让大家觉得你是可靠的，即使你是一个普通员工，也能被公司各方所接受。这时，你其实就拥有了一些对别人的权力。

人脉权力

第三种权力的来源是人脉——不在于你是谁，也不在于你在什么位置，而在于你知道谁、了解谁，这就是我们所说的"人脉权力"。人脉权力是指，在组织内部或者超越了组织的边界，你认识哪些人，知道哪些人的行为习惯、做事风格，这些有可能会给你带来高效率，从而也可能带来一些权力。

● 人脉权力在组织内部的影响

人脉权力在组织内部的影响是无处不在的，尤其在组织变得越来越大、变动越来越快时，人脉权力的影响范围就更广。那些被正式规定的工作流程往往在被不断突破和改变，而在这个过程中，你熟悉人、熟悉人的风格，往往会成为非常重要的非显性的竞争力。这就是所谓的"人脉资产"。

比如公司在做未来规划的时候，如果一位部门领导与公司高层熟识，就更有机会了解公司战略的深意，那么这个部门的规划可能就会更符合公司的战略意图，这位部门领导对整个部门工作方向的把控就会更有效果。

● 人脉权力在组织外部的影响

对于公司外部也是一样。比如说，在公司外部，如果你知道与你所在部门的业务相关的技术是哪一个研究所的哪几个教授研究得最好，那么你可能就能节省很多市场调查和竞争分析的时间。即便是在市场竞争很激烈的时候，你都能够很容易地锁定最重要的技术来源。这就是人脉资源给你带来的权力。

● 人脉权力受什么因素影响

那么，人脉权力受什么因素的影响呢？

人脉网是不是足够广，是否涉及组织的内部和外部？

人脉资源是不是足够深，是否与那些重要的、关键的人物之间有很好的交情，是否一起经历过重要的考验，甚至一起做过战略性的项目？

人脉资源是不是具有可移植性？因为工作的关系，你跟合作单位的人建立了工作联系，然后又把二人之间的这种工作关系发展成为朋友关系。即使离职之后、调部门之后，你也能把这种人脉关系带到另一个岗位中去。这就是"人脉的移植"。

权力来源无非就是三个方面：第一，来源于正式的、有层级的组织，这种权力是由岗位决定的，我们将其称为"职位权力"；第二，来源于个人的技能和人品的个人权力；第三，是人脉权力。

职位权力是最确定的，没有上下调动的余地，因此我们一般把它称作"硬权力"；而个人权力、人脉权力则很灵活，你是否运用这些权力，运用以后是否会产生影响，它是不是基于正式的岗位，甚至它与正式的岗位有没有关系都不重要，我们把这些权力称作"软权力"。

组织成员对权力有什么反应？

我们在前面的内容中讲了权力可以来自职位、个人能力和人脉，但是权力本身并不都能够带来影响力，因为其中涉及两个关键的问题。

问题一

第一个问题,就是你有这个权力,但是你是否运用这个权力。

比如说,领导者有制订预算的权力,但是领导者有可能先不制订预算,而是让下属先报预算。领导者可能会选择与下属商量着办事。这就是所谓的"分权",或者说"授权(empowerment)"。

又比如说,领导者有惩罚的权力,但是领导者并不见得会经常用它。

问题二

第二个问题就是,当领导者在行使权力的时候,别人可能会对这个权力的行使有不同的反应。比如说,领导者要对下属进行惩罚,但是下属服不服却是另外一个问题。总的来说,领导者行使权力,对方无非有三种反应。

● 拥护

第一种可能,特别积极地拥护领导的决定,非常认真主动地去完成领导设定的目标,如果遇到困难,就逢山开路、遇水架桥。这当然是最好的结果。

● 服从

第二种可能,会服从领导。领导说什么,员工就做什么。如果遇到问题和障碍就报告领导,让领导解决。这种服从的员工对工作往往没有主人翁意识,也缺乏责任感。

● 抵制

第三种可能,会抵制领导。磨洋工就是最典型的消极抵制。做事不到位,浪费时间,甚至还会暗中捣乱。此外,明确提出反对也是一种抵制。

我们通常说,在一个单位里面"一个人在干,两个人在看,三个人在捣蛋",说的就是员工对领导行使权力时往往有不同反应。

领导者行使权力时遭到抵制,达不到好的工作成果,在急于求成的情况下,可能会使用负面的手段来对付员工。而负面的手段会使员工的反弹更严重,甚至可能会与领导者起正面冲突。

这种情况一旦发生,就会对领导者的领导地位形成非常大的挑战,甚至会让领导者的权力无效。所以作为一个领导者,要琢磨如何才能够正确地行使权力,对下属施加正向的影响。

关注并思考组织成员对权力的行使可能的反应,是权力行使能发挥效用的基础。

如何对组织成员施加正向的影响力？

那么领导如何能影响下属？一般来说有四个步骤。

第一步,要针对特定的对象来选择影响的方式和策略。即这个目标对象是谁,他有哪些特点,领导者和这个对象之间的关系如何等,针对对象的特点选择方式和策略。

第二步,要在影响的过程中,建立并利用一些特定的影响原则。

第三步,找到了这些影响原则之后,还要考虑自己是不是有这些权力资源。所以领导者要不断积累权力资源,并遵照前面的原则运用这些权力资源,来达成影响的策略。

第四步,一个领导在对下属施加影响的过程中,要进行阶段性的总结回顾,不断提高。

第一步:针对特定的对象选择影响的方式和策略

影响的方式和策略有三种。

● 推动:说服、声明

第一种方式就是领导者直接去推动目标对象,让目标对象接受影响。有两种直接推动目标对象的方法。

（1）说服

向目标对象充分说明利弊。比如，领导者用销售数据向员工说明，努力和业绩的正向关系。想说服别人，就必须具备一定的说服技巧。

（2）声明

声明，就是明确告知目标对象，在什么条件下要达到什么结果。比如，领导者发布声明："如果到年底的时候能够达到这个目标，员工的奖金翻倍。"

阿里巴巴在推广来往这个软件的时候就曾经声明：每个阿里巴巴的员工都至少要招来100个人使用来往，如果做不到这一点，就不是阿里人，就不要拿阿里巴巴的奖金。

当然，下属对上级使用这种方式往往也有效果。比如说，员工可能会对领导说："因为客户需要，所以你最好在下一周之前确认这个方案，否则我可能无法挽留客户。"这也是一种声明。

所以说服和声明是两种直接影响目标对象的方法。

● 拉动：连接、吸引

第二种方式是，当领导觉得直接推动可能不行，就会来拉动员工。什么叫"拉动"？就是通过拐弯的方式，让人家来接受你的想法。

那么有哪些拉动的方法呢？

(1) 连接

第一个方法是连接,就是领导不直接去影响目标对象,而是把目标对象和一位他愿意追随的人、跟他说得上话的人连起来,领导通过影响第三方的方式来影响目标对象。

比如说,领导要让下属小王去服务一位客户,其实小王对完成这份工作没有信心,这个时候领导去找了小王的好朋友老张,然后跟老张说:"你去跟小王说说,这事儿不那么难,不就是跟你上次接待那个客户一样吗?"这样领导就通过老张对小王施加了影响。这个过程就是连接的过程。

连接的过程可能发生在团队成员之间,也有可能发生在团队之间。比如说,一个项目团队在做研讨时,把其他单位的建议和意见带到研讨中,这也是一种连接,对推动公司、推动下属改变态度和行为都会很有帮助。

(2) 吸引

第二个方法是吸引,领导要想办法吸引目标对象,让目标对象觉得这个东西是有价值的、有意义的。要让目标对象自己来想,如果做了这件事情,会为他的职业生涯带来什么好处。

比如说,大家都看到电子商务的蓬勃发展,并且判断将来整个零售业都要朝这个方向转型,领导者就可以召开研讨会来讨论转型的方向,通过讨论使员工都清醒地意识到:如果积极转型,对他将来的职业前途会有巨大的帮助;如果不转型,企业会被淘汰,员工自己的饭碗也将不保。领导通过这种方式吸引了员工加入,而不是强制员工加入——"你不转型我就开除你"。

● 置身事外:脱离

第三种方式是脱离。有的时候出现了僵局,领导者不妨暂时脱离或者进行冷处理,这种脱离或者冷处理不是为了回避矛盾,而是为了避免人际之间的冲突损伤领导者和目标对象之间的关系。

比如说,公司的两个部门对公司的战略发展方向产生分歧。眼看这两个部门的员工要吵起来了,这个时候明智的领导就会说:"那好吧,这个问题我们先放一下,先不在这里讨论了,等我们的想法成熟之后再研究讨论。"

这种脱离接触的方法是为了避免公司组织的分裂,因为公司组织一旦分裂,就会对领导的影响力造成挑战。在这种情况下,领导私下去找各个部门用推动或者拉动的方法,来逐渐达成共识,再由各部门进行讨论,可能是更好的办法。

第二步:利用特定的影响原则

一旦领导者决定了自己要采用的策略之后,就要去建立一些原则。即无论领导者是通过什么样的方式,推也好,拉也好,都必须依据这些原则来行使权力。

我们来举一些常见的例子。

● 互惠互换

比如说，公司的市场部可能会有更详细的客户需求，技术部可能能向客户更好地展示产品的功能和技术细节。当然，公司会对市场部与技术部之间的合作关系做出规定，但在规定之外，市场部能主动向技术部提供更详细的客户需求，技术部能向市场部更细致地展示产品功能，两个部门之间的合作就更紧密了，我们将其称为"互惠互换"原则。

这是组织中最常用的一个原则。对此，通常有一种更好的说法——我们相互支持，相互信任。这个原则也可以用于领导和下属之间。

● 承诺一致

有时候公司内部会出现不同的解决方案，每种解决方案各有利弊。在这种情况下，领导者一旦做出决定就要坚持做下去。因为在这个过程中，公司内部虽然可能达成了某种程度的一致，但一般来说不会是百分之百的一致，中间还是会有不同的声音。如果领导者不停地摇摆于不同的方案之间，内部就更难达成一致，这会大大影响解决问题的效率。

● 投其所好

领导者要分析自己的对象，喜欢什么样的风格，喜欢什么样的奖励，或是喜欢接受什么样的方式。领导者要有分辨的能力，要选择对方更容易接受的方式来进行沟通。

● 同类压力

什么叫"同类压力"？例如，当领导者告知员工，在别的公司他这个岗位的薪酬比他现在的薪酬低，那么这对这位员工就会有影响，在这种同类压力下，他可能会更加努力工作。

● 间接影响

间接影响就是领导者不直接找目标对象，而是去找那些能够影响目标对象的人。

比如说，领导者觉得说服目标对象可能有点难度，那么就去找目标对象很钦佩的老领导，让老领导给目标对象打个招呼，这样可能会比较容易说服他。

● 运用权威

运用权威就是说，领导者利用权威来支持自己的观点和行动。

比如说，领导者发现有两个关键的员工不同意自己的想法，那么领导者就可以召开一个工作研讨会，请行业内有声望的专家来。如果专家说这个计划很好，那么就能够解除员工的疑惑，并得到他们的支持。

这种原则不仅可以被运用于上下级之间，在不同部门之间，也可以用运用权威的方式去解决一些冲突。

● 引入竞争

领导者在组织内部要学会引入竞争。比如说，领导者在向某员工分配任务时，该员工可能会有情绪。领导者可以正式或者非正式、清楚或者含糊地告诉他:"这个事情你不干,会有别人干,而且别人可能比你干得更快更好。"引入竞争能让他感受到一些压力。你甚至可以把工作分配给不同的人,以这种方式让他感受到压力。

这里提到的 7 个方面是我们影响别人的基本原则。这些基本原则有的时候是单个使用的,有的时候可以交叉或者混合使用,在达到某种程度的融合以后,甚至会出现一些新的方法和原则。

总体上来说,这些都是领导者在领导管理的过程中通过不断练习和积累逐渐掌握的。

第三步:积累权力资源

我们在影响别人的时候,制定了策略,也建立了原则。下面我们就要说,我们手里到底有没有足够的权力资源,来让我们能实践这些策略和原则。因此第三步就是,我们要去积累权力资源。

我们在前面说过,权力主要有三种来源,即职位权力、个人权力和人脉权力。当然这种权力资源的积累不是一蹴而就的。你可以稍微审视一下,如果缺少什么,就要赶紧找方法补救。

对于这种权力资源,平时积累是一方面,你自己去开拓是另一方面。

第四步：阶段性评估与回顾

第四步就是要进行阶段性的评估和回顾。你要看看自己作为领导，在跟下属相处的过程中做得怎么样。

对于这种评估和回顾，你有好几种输入方式。

第一种方式就是，领导者自己观察，观察自己在领导这个团队的过程中，跟员工之间的关系是不是更加融洽了，员工是不是更愿意听你的了，团队的任务是不是更容易完成了。

第二种方式就是，领导者可以让上级对自己一段时期内的工作做一个评估。这种正式的反馈，可能比领导者自己非正式的观察更有价值。这种价值体现在两个方面，第一个方面，它可能比领导者自己的观察更加全面；第二个方面，由于它是组织内部正式的反馈，所以它对提高领导者在组织内部的正当性是有帮助的。比如说，上级反馈说，这位领导者的领导力在提高，那就意味着组织认可了他在这方面的成绩。在下一阶段，他的上级就有可能给他更多的权力资源。

第三种方式是，领导者要在领导过程中，倾听各方面的意见，然后不断地进行自我反思、自我感悟、自我提高。

> 希望通过行使权力来影响别人,要遵循四个步骤:第一步,针对特定的对象选择影响的方式和策略;第二步,利用特定的影响原则;第三步,积累权力资源;第四步,阶段性评估与回顾。通过这样的步骤,领导者的影响力就会逐渐提高。

如何利用权力和影响力达到目标?

我在前面的内容中所说的运用影响力的这个过程,针对的是某个特定的对象。但是一个领导者在一个组织中,往往不单只是针对某一个特定对象来实施领导力,一个领导者要做一件事情的时候,针对的往往是各式各样的人。领导者的任务和使命是通过行使权力来影响别人,但是最重要的是,领导者和被他领导的团队最后能够达到组织的目标,而这也是组织信任领导者的真正原因。所以在组织内部,要如何通过正确地行使权力、有效地利用影响力来达到组织的目标? 在组织中运用权力、影响力与达到组织目标的关系,比领导者和追随者之间的关系更复杂一些,分析它们之间的关系会运用我们前面所说的那些关于领导力的最基本的原则。因为我们不能只从一对一的关系中去看问题,而是要从整个组织的层面上来看问题。

在组织中运用权力和影响力来达到组织目标也有五个基本的步骤。

第一步：识别组织中的依赖关系

第一步就是，领导者要特别清楚地识别组织中相互依赖的关系。什么叫"相互依赖的关系"呢？我们说在一个组织中，总归会有一些人受另一些人的影响。

比如说，要组建一个开发新产品的跨部门的团队，那么就要知道在这个团队中，什么是核心和关键因素。是财务部门重要还是企划部门重要？企划部门的员工是更愿意遵从企划部部长的领导，还是更愿意遵从那位虽然只是企划部副部长但却是老总前秘书的人的领导。

这就需要领导者把组织内部相互依赖的关系搞清楚，这种依赖关系一旦搞清楚以后，领导者就会知道，这个项目要成功，得到谁的支持会更重要。所以领导者首先要找到组织内部的那些关键的部门和关键的人，并去分析他们的依赖关系。

第二步：关注组织内部权力的来源与分布

第二步是，领导者要关注权力在组织内部的来源与分布。领导者可以把组织看成各种人的集合，也可以把这些人抽出来，将组织看成是各种权力的集合。

这种抽象的分析能够使领导者清晰地看到在这个组织里面，谁最有影响力，谁的权力最大，他的权力来源是什么——是他自己的职位还是他的关系网。

把组织内部权力的来源与分布审视清楚之后，领导者就会知道，自己应该影响哪一部分人，然后这一部分人又会用自己的权力去影响哪些人。这样，领导者就能通过权力行使的链条来对组织施加影响。

第三步：关注和分析组织成员的差异

第三步，领导者要关注和分析组织的成员在目标、价值观、利益诉求，甚至工作方式、兴趣爱好方面的差异，要思考如何应对这些差异。

以目标差异为例，在一家高科技公司里面，不同的人可能有完全不同的职业目标或者利益诉求。比如说，总经理可能刚好是从外面公司"挖"过来的，他希望让这家公司上市，好在自己的职业生涯中留下辉煌的纪录。比如说，刚进单位的工程师可能不那么在意薪酬，而更在意是不是做了一个非常重要的项目，积累了经验。比如说，保洁阿姨只要有一份稳定的工作，能够养活她的孩子就行了。

所以，组织内部各个成员在利益诉求、在目标上的差异使得他们更倾向去接受完全不同的权力行使方式。所以领导者必须要认真分析被领导对象的差异,这样才能够知道他们会被什么东西影响,也才能选择正确的领导方式。

第四步:情境分析

第四步,就是领导者要对领导情境、领导环境,又或者是战略项目的情境和环境进行分析。

比如说,我们现在要做一个项目,那么就得分析:谁是我们的死党,是坚定地跟我们站在一起的;谁是我们可以争取的同盟,我们可以通过利益交换或者投其所好的方式将他们争取过来;谁是我们潜在的竞争者,或者反对者。领导者要去建立这种关于领导情境的分析,这对于领导者实施影响力的过程来说非常重要。

比如说,领导者要开发一个新产品,那么谁将成为竞争者?因为前一代产品还没有退出市场,其销售收入完全有可能给前一代产品的开发者带来奖金,所以这些开发者可能不愿意让前一代产品退出市场。而这个时候,这些开发者就可能成为这个项目的竞争者。那么,如何打消他们的顾虑、消除他们的反对,都需要领导者在情境中进行分析。

有了前面四步,领导者在行使权力影响其他人和整个组织的时候,就会不瞎、不忙、不乱。所谓"不瞎",就是领导者大概看清楚了权力和影响力的路线图,所以知道什么时候做什么、怎么做最好。所谓"不忙",就是说领导者不会占用大量的时间做低效率的工作,或是在低效率地摸索。所谓"不乱",就是说领导者实际上是在分步骤、有节奏地推进项目,能够很好地掌握领导节奏,不会病急乱投医。

第五步:定期更新

这个过程还有第五步,就是领导者要定期对以上四步进行更新,通过更新带领组织完成一步一步前进的过程。

组织中领导力的运用需要五个关键的步骤:识别组织中的依赖关系;关注组织内部权力的来源与分布;关注和分析组织成员的差异;情境分析;定期更新。

本章小结

这一章的内容主要讲的就是权力和影响力。我们的核心是,使读者能够理解一个个体的领导者和被领导者(包括他的追随者)之间的互动关系,同时也知道领导者如何把他对被领导者(包括他的追随者)施加的影响扩大为对整个组织的影响,从而达成组织的目标。

第九章　团队：领导力的落脚点

上一章的内容主要阐述了，作为组织中的领导者或者是个体（虽然我讲的很多方法步骤都是围绕领导者展开的，但这些方法步骤对组织中的个体影响别人的情况也同样适用），你的权力来自哪里，你怎样才能够有效地发挥你的影响力去影响别人、领导别人。

那么在这一章中，我们就要从团队的角度来讨论，如何领导一个团队。

即便是再大的企业，你自己所能够影响的或者经常跟你在一起工作的，其实就是一个小的团队。如果你是CEO，你要做的就是把你的高管团队领导好，然后再通过你的高管团队，影响由几千人甚至几万人组成的组织。所以领导团队是领导一个组织最基础的部分。

什么是团队？

团队是由两个或两个以上成员构成的群体，成员工作技能互补，并承诺共同工作以达成某一特定目标。

所以团队定义中的第一要素就是，要有一个清晰的目标。这个清晰的目标要求成员之间既相同，又不同。不同的部分是说，团队成员的技能要互补，即你擅长的我不擅长，我擅长的你不擅长。相同的部分是说，团队成员之间要有一些共同的知识和技能，不具备共同的知识和技能，团队成员之间就没有共同的工作基础。

这些既相同又不同的人要相互依赖，才能完成工作目标。就是仅仅依靠你的工作不行，仅仅依靠我的工作也不行，只有我们的工作加起来，我们才能完成我们的工作目标。

以篮球比赛为例。上场比赛的是五个人，这五个人的技能特点不一样，有人擅长远投，有人擅长篮下强攻，有人擅长盯防对方的主攻手，有人擅长抢篮板，但是这个五个人之间必须要相互配合、相互合作，这样才能赢得比赛的胜利。一支篮球队只有一个后卫肯定不行，光有一个前锋也不行。你要把球投进对方篮筐，需要团队成员之间相互配合。

比如说，前锋突破的时候，中锋可能要掩护。而这种配合，就是我们所说的"相互的依赖性"。

而且这 5 个团队成员又都得熟悉运球、投篮和篮球比赛的规则。所以我们说,团队中的每个人既相同,又不同。

如果把球队和工厂流水线上的工作班组相比,我们就能够更清晰地认识"何谓团队"。

一条流水线一共有 10 个工位,我们可以把这条流水线上的工作班组称为"由 10 个员工组成的团队"吗？也不是不可以,如果你认为这些员工在工作之外还有很多互动和交流的话。但是就工作而言,把这 10 个人称为"团队"是不合适的。

因为尽管这 10 个工人的工作整体上看来是复杂的,但每个工人的工作都是标准化的。也就是说,你是装这几个零件的,他是装那几个零件的,你们的工作都是被规定好的。而且每个工人工作的复杂程度并没有超过他们个人能力所能承受的极限。

所以这 10 个人只是构成了一个工作组,而不是一个团队。在生产线上作业的过程中,有标准的流程来管理整个进程。成员相互之间的接口是通用的,你知道我知道的,我也知道你知道的。所以人与人之间不需要进行太多的合作,你把你这几个零件做好,我把我那几个零件做好就行了。

团队的特点

团队有哪些特点呢？

● 清晰的边界

第一,团队有清晰的边界,即这些人是属于这个团队的,那些人是不属于这个团队的。比如,通常来说,一支篮球队上场比赛的有 5 个人,再加上替补,一支篮球队可能有 10 个成员。那么这 10 个成员是属于这个团队的,别人是不属于这个团队的。因为有清晰的边界,所以团队和团队以外的人就会有一些互动,而这些互动恰巧是我们后面讲"管理团队边界"时要讲的。

● 团队要管理自己的工作进程

第二,团队要自己管理自己的工作进程。比如说,这 5 个球员已经上场了,如果教练还在场外拼命指挥每个球员的话,那他可能就不是一个成熟的教练。教练可以提醒,但是最好的团队成员在场上面对不同情况的时候,打球往往如行云流水一般,他们会自己来管理自己的工作进程。

● 有一定的稳定性

第三,团队需要有一定的稳定性,能让团队成员在一个相对长的时间里来共同工作。大家想一想,如果团队成员跟走马灯似的,今天进来一个,明天出去了,后天又进来一个,那么这个团队就没有办法磨合,每天都处在变动之中。这样,就不太容易形成团队稳定的工作流程和成员之间相互配合的默契度。也就是说,如果变动太快的话,就会损伤团队的相互依赖性。

我们指的"团队"更侧重组织目标和组织协同,团队成员之间通过合作、协同共同解决问题,共同达到组织目标。流水线上成员之间互不影响的工作班组不是这个意义上的团队。

为什么要有团队?

大家想一想,你身边是不是有很多类似的团队。

比如说篮球队,又比如说大学里存在的各种各样的社团,再比如说公司里的各个部门……你可以把领导这些团队的经历当作一个实例。

有人可能会问:"为什么我们要有团队?为什么在当今社会对团队的领导会成为领导者的一项基本功?"

团队这种组织形式之所以出现,主要是为了解决两个问题——任务复杂和相互依赖。

任务复杂

任务复杂可能是由三个原因造成的。

第一个原因是,完成这个任务所需要的信息量或者知识量,可能超过了单一的个体所能够承受的范围。当你面对的任务信息量和知识量特别大的时候,可能就需要团队。

比如说,要推一个新产品上市,那可能需要各种来自不同部门的信息。需要知道关于硬件和软件的信息,需要了解关于生产和营销的信息,甚至还需要了解关于工业设计的信息。在这种情况下,不太可能指望某一个人能掌握所有知识。

第二个原因就是,工作成果的不确定性特别大。比如做一项研发工作,可能会面对多条技术路线,我不能确定选择哪一条路线是最合适的,依循这条技术路线做出来的产品不知道是否能达到预期的效果。因此,工作成果的不确定性也是导致团队形式被越来越多地采用的一个很重要的原因。

第三个原因就是,在完成任务的过程中,可能缺乏规定和标准的流程。

由于以上三个原因,在很多时候,团队可能是一个更好的解决问题、达到目标的方法。

相互依赖

工作不仅仅复杂,更重要的是,这些工作之间还相互依赖。这种相互依赖使得每个成员只有和其他成员协同工作,才有可能发挥自己的作用。

我们还是以生产流水线上的工作班组和篮球队为例。

作为在流水线上工作的工人，我的任务是打几颗螺钉，其他人的任务是打另外几颗螺钉。如果我打得不好，虽然会影响产品的质量，但并不影响流水线上其他员工的工作。最后检验出来是我的工作出现了问题，产品质量差跟生产线上的其他工人无关。

而在篮球场上，从后场攻到前场，你可能要进行运球、传球、在篮下攻篮、掩护等许多工作。如果没有同伴的支持和配合，要完成这样的工作是不太可能的。也许这次是你掩护了别人，下次可能就是别人掩护了你。为了获胜，一支球队的成员之间不仅要相互配合，很多时候还需要下意识地、默契地配合。这样才能形成我们所说的团队效果。

因此，工作的相互依赖性是我们用团队这种组织形式解决的另一个问题。

团队的工作十分复杂，其结果又有不确定性，更重要的是每个人的工作之间还相互依赖，这就使得这个团队的工作目标可能并不像我们在工程科学里面讲的那样，是时间和预算特别确定的死目标。很多时候，团队有明确的方向，但并没有特别具体和死板的目标。

我还是来举篮球队的例子。我们今天跟别的公司的篮球队打比赛，你能说我们一定会以100∶30的比分赢下对方吗？不能。我们的目标是，通过团队的合作，尽可能打好球，赢得比赛的胜利。我们把"赢"称为明确的工作方向。

团队中个体的目标虽然有差异,但是这些目标跟整个团队的目标是协同一致的。

团队这种形式之所以能够被广泛采用,有两个原因:其一,在现代多变的、复杂的社会里面,我们的工作任务越来越复杂,但结果却是不确定的;其二,我们团队成员之间的工作相互依赖的程度越来越高。这使得团队这种组织形式被更广泛地使用,也对领导者提出了新的挑战。有的时候组织的业务只有方向,没有特别具体的目标。

如何设计出一个科学合理的团队?

很多人把设计一个团队想得很简单,以为设计团队就是张三、李四和我凑在一起,三个臭皮匠就能凑成一个诸葛亮了,但实际上却有可能发生三个和尚凑在一起反倒没水喝的情况。所以领导者必须要思考,如何才能够有效地设计一个团队。

设计团队的目标

● 完成有意义的工作目标

在设计一个团队之前,一定要想清楚,这个团队的目标是什么。一个有意义的目标是成功设计团队的基础。

● 提高团队成员的满意程度

经过一段时间的工作,团队的某个成员觉得很满意,认为这是一段值得被珍藏的经历,他在这里获得了成长和提高。他认为这是一个值得加入的团队,你是一个值得被他拥护的领导。下一回你再组建团队的时候,他就还想要加入。这就是我们所说的"团队成员的满意程度"。这也是你在设计团队的时候需要考虑的。

举例来说,你的团队需要一个设计师,你找了一个特别厉害的设计师。但事实上,你这个团队的工作并不需要那么资深的设计师,所以虽然你的团队最后取得的成果很好,但是这个设计师可能觉得在这里工作的大部分时间都被浪费了。那么在这时候,你的团队设计就有可能是有问题的。

● 提高团队成员未来合作共事的能力

一个好的团队设计还要能够提高团队成员在未来与人共事、与人合作的能力和意愿,使团队成员适应团队的工作氛围,学会团队工作的方式。

设计一个团队,不单是让团队成员完成工作任务这么简单,还要提高团队成员的满意度,提高团队成员在未来与人共事的能力。这就是你在检验你的团队设计是否成功的三方面标准。

团队规模和构成的设计

那么,团队设计都有哪些方面的内容呢?

设计一个团队,第一个很容易想到的方面就是需要多少人,都需要一些什么样的人,即设计团队的规模和构成。

● 团队成员有高度的参与感与积极性

从团队的构成上来说,我们首先要考虑团队成员的参与感和积极性。如果成员对团队的目标不积极、不主动的话,将来就需要团队天天拉着他走,那推动工作进展就可能会遇到困难。因此,团队设计第一个要注意的就是,团队成员要有高度的参与感与积极性。

● 有很强的个体技能

其次,团队成员是否具备那些完成团队任务所需要的技能。例如一个篮球队中应该有防守的,也应该有进攻的。

● 有很强的人际合作技能

再次,团队成员本身有没有人际交往、与人合作的技能。比如说,他的沟通技能怎么样,他能不能有效地解决冲突等。

● 共同的责任感

最后,团队成员之间有没有共同的责任感。共同的责任感与前面提到的参与感不太一样。大家都希望达成团队目标，团队成员有了问题，每个成员都感到有责任帮助他去解决问题、完成工作。这样才能形成共同的责任感。

因此，在挑选团队成员的时候，要从以上四个方面考虑团队成员的规模和构成。通常一个团队 5～20 人比较好，人数再多就会导致协调成本特别大，而人数更少就没有了团队协作或者融合的效应。我观察过几个大公司的高管团队，人数基本都在 6～7 人。人数比较多的脸书，也只有 11 个人。

这就是团队设计的第一个方面，就是我们需要多少人来组成一个团队，以及我们需要一些什么样的人。

团队领导方式的设计

团队设计的第二个方面就是设计团队的领导方式。

什么是团队的领导方式？就是团队构成了以后，领导者准备如何来领导这个团队。

一般我们将团队的领导方式分成两类。

● 管理者领导型

一类就是由一个管理者来领导团队。这是我们见过的大部分团队的组织形式。

比如说，一个手术小组的领导者肯定是主治医生。他会去协调麻醉师、护士甚至术后药剂师等，将这些人凝聚成一个团队。由于团队的角色是事先能够确定的,所以在这个过程中,领导者会去决定团队成员之间的分工与职责范围,会去监控整个团队的运行、工作的流程和成果,甚至还会有一些对团队成员的工作成效进行奖励和处罚的权力。

● 自我管理型

还有一类我们将其称为"自我管理型"。团队成员根据大致方向形成自己的工作目标,自主地决定工作进程,对自己的工作成果进行自我管理。

并不是说采取这种模式的团队就没有领导,而是说团队成员之间分享了团队领导者这个角色——这一部分归 A 管,那一部分归 B 管,还有一部分归 C 管。但是这种分工是由团队自己形成的,一些工作内容具有探索性质的团队往往就采取自我领导、自主管理的团队领导方式。

团队多样性的设计

团队设计的第三个重要的方面就是,如何管理多样性。

团队和工作组最大的区别就在于,团队是一个大家之间既相同又不同,即和而不同的工作群体。每个人都有完全不同的观点、方法和技能,每个人都是不一样的 1,组合在一起能够形成"1＋1＋1＋1＞4"的效果。

那么每个人都不一样能带来什么好处呢?每个团队成员都把

自己的经历或者经验带进这个团队，以此促进团队成员之间的思想碰撞，得到更有创造性的新方案和新主意。总之，这种互补的专业知识和经验能够使得团队取得更好的成果。

比如说，针前面提到的3M皮肤博士的例子，原来的创新团队是做医疗器械的，该团队请一个兽医加入，兽医的经历经验和团队中其他那些做医疗器械开发的成员的经历经验非常不一样。所以当兽医进入团队，他就能把那种在恶劣条件下抗感染的方法带进这个团队。

这就是需要团队成员保持多样性的原因。

但是团队成员多样性也会带来问题，每个人想的都不一样的时候，协调和沟通的成本便在无形中增加了。

比如说，针对那些人类医疗领域里面的常识，3M中那些从事医疗器械开发的团队成员却需要花费很长的时间跟兽医解释。知识背景不同，不仅增加了沟通的难度，团队成员之间还有可能发生冲突，因此协调的成本也会很高。过于差异化的团队在运行的过程中会不断地产生各种误解。

所以多样性有好处，也有坏处。在做团队设计的时候需要特别注意：第一，团队要有足够的多样性，能够满足团队工作中的要求；第二，在保证多样性的过程中，要确保团队成员有共同的基础，比如说共同的基础知识、技能和目标。

团队的设计要在设立统一目标的基础上,从规模和构成、领导方式、多样性等角度去考虑。

如何成功搭建一个团队?

团队在最初工作的时候要花相当长的时间进行所谓的"团建工作"。如果要去领导一个团队,就要对这个团队的团建生命周期有一个正确的预期。

刚刚做团队领导,领导者总是希望团队一组建起来,所有团队成员就能够立刻上手做事,并且还能做得很好。但这实际上是做不到的,更多的时候,一个团队有它自己的发展阶段。

团队的发展阶段

通常人们会认为,一个团队在发展过程中,要经历组建、磨合、规范、高效和休整这样 5 个阶段。

● 组建

刚开始的时候,一些人在形式上组建成了一个团队。比如说我们从工程部门、营销部门、售后服务部门,甚至从法律部门抽调了一些人,这些人具备组建团队所需要的全部技能,然后我们确定了自己的工作目标——消除客户的抱怨,我们要在3个月内将客户的抱怨率从40%降到10%。

● 磨合

这个团队在一起工作的时候,一定会出现由于大家来自不同的部门、有不同的工作经历、有不同的成长背景而产生的冲突。因此,团队要有一个磨合的过程,而且磨合很可能不是一蹴而就的。

比如说,对某一位客户,到底应该由服务部门的人去跟他沟通、谈判,把他的抱怨程度降到最低,还是应该由法律部门的人以律师函的形式解决问题。

对于这个问题,每个人都可能有完全不同的看法。如果团队成员之间在相互理解上有问题,就可能会爆发冲突。所以在解决问题的过程中,团队成员之间必须要遵守工作的规范——我们将其称为"工作的基本流程和基本规范"。如果整个团队在各个方面都形成了基于相互理解、相互协作的工作新规范、新标准的话,我们就认为这个团队基本上就度过了磨合期。

● 规范

规范的阶段是团队建设和团队发展过程中的一个重要的转折点,即团队成员经过共同的摸索,能够在大部分问题或基础问题上达成一致。

● 高效

一旦形成规范、度过规范阶段之后,团队就会进入下一个阶段，就是高效工作的阶段。如果这个时候团队成员的工作热情很高，相互之间又能够非常好地相互协作的话，那么他们的工作效率就会比以前显著地提升。

经过一段时间的高效工作，团队最后完成了自己的目标，就会进入下一个阶段。

● 休整

在这个阶段，团队可能会有一些总结、一些提炼。当进入休整阶段的时候，团队的工作目标就完成了，团队的成员可能会被分配到其他的工作任务中。

团队发展的前三个阶段是一个循环的阶段。有了形式上的团队，但是团队之间并没有形成内在的合作机制。这就跟我在前面所讲的篮球队的例子一样，团队总归是要在一起打几场球、磨合几场以后，才会形成基本的打法、风格、长处。而这些东西一旦形成，团队后面的发展就会顺利很多。

在团队发展的五个阶段中，前面几个阶段是为了建设团队，后面的高效阶段其实是在有效地利用团队建设的成果来完成工作。

在这个过程中，组建、磨合阶段必不可少，规范阶段则是团队发展重要的转折点。那么规范阶段与前面两个阶段相比，有什么重要的不同之处呢？

团队在关于自身如何运作、团队成员之间如何合作之间形成了一些大家认可的，并在实际过程中被认真执行的工作规范。这种规范可能在团队建设的第一次会议上就被提了出来,但是每个人要形成对规范的认同,并将其应用在具体的行动中,是要经历一个过程的。所以作为团队的领导者,在刚刚开始的时候就要想到,需要帮助整个团队去建立一个工作的规范和工作的机制。如果这种工作规范能够被团队接受的话,领导这个团队就会显得很轻松。

团队规范

那么,都有哪些工作规范?

● 会议规范

第一个是会议规范,什么时候开会、由谁来主持会议、做会议记录的规范是怎样的、如果会议中起了矛盾和冲突怎么办,以及会议成果如何落实,这些都是基本的会议规范。

● 工作规范

第二个是工作规范。工作任务如何分配;截止日期如何确定,以及到了截止日期交不出成果,应该怎么办;如果按时提交了工作成果,又应该怎么样来检查和评价团队成员的工作成果……这些基本的工作规范都需要在团队建设中逐渐形成。

这些都是重要的工作规范,工作规范有的是写在纸面上的,有的是大家自觉自愿默认遵守的。

● 沟通规范

第三个是沟通规范。领导在什么条件下能够批评别人,批评到什么程度；团队成员之间起了冲突怎么办；有了员工所不能理解的事情怎么办……我们如何能将这些沟通规范在团队成员之间确立起来？

一个奇葩的团队会在关于内部沟通的相关规定中写道，团队成员之间可以在规定的时间内，相互指着鼻子骂，骂完以后关上门出去。这件事情在我们看来很奇怪，但是他们团队成员之间经历了长时间的合作，知道那种相互之间的责骂不是恶意的，因此他们之间能够接受这种方式。

● 领导规范

第四个是领导规范，领导规范说的是团队成员之间权力的分布：团队成员如何能够相互影响，大家受谁的影响，团队成员之间的领导角色是如何分配的。比如说，这个团队是不是技术方面听张工的，进程方面、财务方面听李工的？领导规范也是团队规范中重要的一部分。

● 体谅规范

第五个是体谅规范，即相互理解和相互谅解的规范。团队成员之间有时会有矛盾冲突，需要团队成员之间相互体谅，领导者要尊重每个团队成员的个体需求。这种体谅规范在很多团队里面起了润滑剂的作用。

比如说，我的孩子生病了，为了照顾孩子，我没有时间完成任务，同事们帮助我赶在截止日期之前完成了任务。这种帮助，对维系和深化团队成员之间的感情起到了很重要的作用。

这些规范需要团队的领导者在领导这个团队的过程中,一个一个同团队成员共同建设维系。

一个团队的发展是指,在解决问题、处理业务的过程中逐步建立团队成员之间共同合作的工作规范。

解决问题、处理业务与建立工作规范形成了两条线,相互交织推进,这样就形成了这个团队"组建、磨合、规范、高效、休整"的发展过程。

团队的领导对团队的建设既要保持积极的态度,又要有耐心。在早期,工作的成果可能不那么好,但是如果能够看到团队成员之间在磨合、在努力形成规范,团队领导者就应该鼓励团队继续协作,共同来完成工作。因此,在做工作规划时要留有余量,让团队更从容地进行磨合。能够驾驭团队建设的周期,是团队领导者一项非常重要的技能。

怎样才算是一个高效的团队?

当我们自己领导一个团队的时候,我们的目标其实是让这个团队进入高效的阶段。一个团队在高效的阶段，基本上就意味着这个团队正在发挥最高的水平。这个最高的水平是什么样的？这种高水平状态有四个方面的重要体现。

决策明确严谨

一个团队的决策往往不同于个体的决策。在团队中，要对来自各个不同团队成员的意见——有时候甚至是相互冲突的意见——进行批判性的思考、讨论、整合，最后形成团队统一的意见。只有这样，团队成员才会愿意为决策努力，才会有执行力。

那么这个过程能否顺利，取决于在过去磨合的过程中，团队是不是形成了所有团队成员都认可的规范。如果团队成员有不同的意见，那么领导者就不能急于公布决策，需要进行更多的沟通和说服工作，直到形成一个能被执行的决策。大家一定要清楚，在一个团队中，不能被执行的决策是没有任何意义的。

团队成员有效参与

很多时候团队成员在参与的积极程度上是不一样的。比如说，在讨论的过程中，有的人提出的意见和建议被听取得较多，在做决策的时候，大家就会更多地偏向他提出的意见和建议。相反，一个团队成员的意见和建议一直不被采纳，那么他的参与度就可能会下降。

另外，在执行团队决策的过程中，每个人的工作不一样。有的人承担了团队的很多工作，却没有表达自己的场合，团队要创造机会让那些沉默的声音被更多人听见，否则时间长了会影响整个团队成员的工作热情。

建设性的冲突

任何一个团队中都一定存在冲突，如果没有冲突，团队可能就没有了协作和创新，这个团队就没有存在的意义。但是不是所有的冲突都是必要的、有益的，团队需要的是具有建设性的冲突。

团队讨论方案的时候，不能仅仅停留在方案好和不好的层面，领导者要引导团队讨论出方案好在哪里、问题在哪里、做怎样的修改才能让这个方案更好。如果只停留在好和不好的层面，团队成员不但学不到东西，反而会认为其他人是"看人下菜碟"，从而影响团队的团结。当出现了两个相互冲突的观点时，团队要进一步讨论出各个观点的优劣。只有通过深入的讨论，持不同观点的双方才能看到对方观点的价值。冲突越是有建设性，团队成员就越容易通过冲突从对方身上学到东西，团队才会越来越有凝聚力。这也就是我们通常所说的"不打不相识"。

促进团队成员不断学习和提高

能够促进团队成员不断学习和提高是高效团队的一项重要

表现。

每位团队成员在团队全体会议之前都要认真地做好准备,做到有备而来、有的放矢。因为你做准备的过程,就是对自己的工作进行总结和提炼的过程。之后你再将这些经过总结和提炼的工作拿到团队会议上与大家进行沟通和交流,就会有意想不到的效果。

通过这样有准备的全员沟通,团队成员的水平会逐渐提高。一个促进成员学习和提高的团队,内部往往有很好的讨论氛围。

此外,当团队陷入僵局的时候,大家就要学会求同存异。简单说来,就是要总结归纳我们讨论的内容中,哪些是一致的,哪些是不一致的。那些没能掌握这种技巧的团队对于不一致的细节过分斤斤计较,有时候反而会打击团队的学习气氛。

高效的团队有这样四个方面的特征:第一,有严谨而明确的决策流程;第二,成员有效参与,施加有意义的影响;第三,团队成员之间的冲突往往是有建设性的;第四,团队成员之间能相互促进,共同提高。这些都是团队成员通过不断磨合逐步实现的。

打造高效团队时,领导如何发挥作用?

在打造高效团队时,团队的领导基本上要完成两个方面的任务:第一,管理团队的边界;第二,管理团队自身。

实际上,一个团队就相当于一个王国。一个王国就两件事:第一件事是外交,第二件事是内政。所谓"外交",就是管理团队的边界。所谓"内政",就是管理团队自身。

我们先从"外交"上来讲,即团队的边界。

管理团队边界

● 团队如何与外界互动

团队互动的对象可能包括客户、供应商、上级领导,以及与团队工作成果有关的团队等方方面面的利益相关者。比如说,团队需要从外面引进技术、采购新的零部件,这些都是作为团队的领导者需要进行有效管理的地方。团队与外界的互动最后可能是由某一位团队成员执行的,但是团队领导者一定要把他的行为,尤其是与团队外部进行互动的行为纳入管理的范围。这是管理团队边界第一个方面的内容。

● 缓解团队之间的冲突

一个团队存在的最主要的目的就是,解决一个组织或者一家企业内部某个特定的问题,而这个特定的问题是在原来的组织体系里面没有办法得到解决的。

在工作的过程中,团队有可能会跟组织内部的其他团队产生矛盾和冲突。缓解团队之间的冲突是管理团队边界的第二个方面。比如说,组织要做新产品,新产品团队成立以后,就可能需要去使用组织的营销资源来推广新产品。可营销资源已经被原来那些老产品所占用,这时新产品团队与老产品团队就会产生冲突和矛盾。团队的领导者必须得解决这些矛盾冲突并拿到资源,对此他责无旁贷。

● 获得高层管理者支持

管理团队边界的第三个方面,就是团队的领导者需要依靠努力来获得上级领导的支持。

大家可能都还记得,我们在前面讲过,获得更上级的领导的支持会产生两个重要的影响:第一,会给团队带来更多的资源;第二,能够使团队提高自身在企业内部的显示度,而这种显示度对鼓舞团队的士气、使团队更有效地工作会有很大的帮助。

所以,如果一个团队的领导能够有效地获得上级领导的支持,对团队的发展会有很大的助益。

● 与其他团队协调谈判进度

管理团队边界的第四个方面就是,如果团队做的事情需要组织中的其他团队进行协调配合,那么团队的领导者需要更多将团队的工作进度展示给外部,与其他团队进行有效沟通,获得外部的理解和支持。

以上就是一个团队领导者要管理的团队的边界。

管理团队自身

所谓"内政",就是团队领导者要学会管理团队自身。

● 团队设计

一个团队的领导最重要的事情就是设计团队。我在前面已经提到该如何设计团队,这里就不再赘述。如果领导者在最开始无法搭建一个好的团队,那么这个团队取得成绩的概率会大大降低。

● 团队文化

在团队发展的几个阶段,团队那些隐含的或明示的规则和规范,需要团队的领导者亲力亲为、率先垂范。

● 团队运行方式

团队的领导人需要有效地管理团队运行的过程和方式,要有效地管理和控制团队工作的整个流程、进度和关键点。这样,才会使得团队作为一个整体,在组织体系里有信用、有影响力。

这就是我们所说的,一个团队的领导人要学会管理的团队的内部事务。

在对团队的内部事务和外部事务进行管理的过程中,会大量应用我们讲过的关于权力和影响力的一些技巧。

管理团队内外部的共同准则

团队领导人在管理无论团队内部还是外部事务的过程中,都有一些共通的行为方式或者行为准则。

● 尊重

一个高效团队的领导者,首先要学会尊重。

团队成员具有多样性,领导者要学会尊重团队成员的多样性,对每个人的性格、脾气甚至个人经历都要理解,并帮助他融入团队,不能用个人标准去要求每个团队成员。

● 调适

其次,要懂得适时调适。

团队能够给每个团队成员提供什么样的帮助?在一起工作和达到组织目标的过程中,每个团队成员将拥有什么样的经历?事实上,很多时候团队成员加入一个团队,除了要完成团队的目标,也想完成自己的目标。这就要求团队领导者要从团队成员的角度来考虑他们的需求。领导者要对团队的工作目标、工作进程甚至自己领导方式做有效调适、调整,以适应每个团队成员的需要。

比如说,一位工程师加入这个团队,希望来练一练Java。在这种情况下,团队领导者可以尽量安排他去做有关Java的编程工作。也许他会做得慢一点,但这会使得这位工程师提升自己的能力,也会使整个团队更有凝聚力。

- 掌握

再次,在领导团队的过程中,领导者掌握有效的设计、领导和运行团队的一些基本技能、技巧和方法,是十分必要的。这些东西只有在领导团队的过程中才能学会,只有在与团队成员的互动中才能学会如何将一个团队打造成一个高效的团队。当然,领导者也可以在外面找教练,可以自己去读书,但是更重要的始终是,要在经历中慢慢体会和总结。

从这个意义上来说,一个团队的领导者往往是团队成员中学习速度最快的人。

- 激励

最后,学会有效地激励团队成员共同分担责任、共同完成任务。

在这个方面很重要的是,经过一段时间的认识和了解以后,领导者要学会对团队成员放手。如果领导者事无巨细地安排工作,完全不信任团队成员,只能把自己累得半死,无法发挥出整个团队的潜力和作用。相反,更多的时候,领导者要通过激励和鼓励团队成员,让他们在自己的能力范围内更多地展示自己的才华,发挥自己的主观能动性和创造性。

学会尊重团队成员、学会根据团队成员的构成情况来调适自己的目标和工作方法、学会领导团队的一些基本技能、学会激励下属,这四个方面就是团队领导者在领导团队的过程中所要注重的准则。

团队领导者要打造高效的团队,首先要明确团队的边界,这对团队领导者来说是至关重要的。在这个基础上,团队领导者对团队设计、文化和运行的掌控能使团队更有效率地达到目标。

本章小结

团队的目标性和协同性让组织更容易应对现代多变的、复杂的商业社会,领导团队已经成为人们在商业社会中最重要的生存技能。

读者能够通过阅读本章内容,理解一个团队在形成、发展的过程中,团队领导者所要扮演的角色、所要完成的任务和具体运用的方法。本章的内容能帮助读者有效地领导一个小团队,也能在未来有效地领导一个更大的组织,甚至对整个行业产生影响。

后　记

相信经过对本书的学习,大家对商业社会中企业管理的基本过程和基本框架已经有了一定的了解,对于个体在商业社会中能够发挥的作用也有了一些基本概念。这本书就是用导语和导语之后这 9 章的内容,带领大家去解析整个商业社会运行的基本规则。

本书是从 3 个角度来解析整个商业社会的基本运作的。

● 环境和战略视角

第一个角度:从环境和战略的角度来分析商业在整个社会发展和产业演进的过程中起了什么作用。在这个过程中,一家企业如何通过自己的战略和商业模式来影响整家企业的发展,以及整个行业的进步。

● 组织的视角

组织是战略实施的工具,本书在第二部分先静态解析了企业这种组织和它运转的流程。接着,从发展的角度来看企业如何通过创新实现自我更新。那些不能自我更新的企业,就会被另外一些创新型小企业的创业活动所颠覆。如此一来,长江后浪推前浪,那些创新型小企业就能够替代原来在位的大企业。而那些在位的大企业,为了避免被产业颠覆的浪潮所淘汰,就需要主动进行组织变革。

所以,本书从组织构造的角度讲了企业的组织和流程、创新和企业的更新、创业和产业的颠覆,以及组织的变革。

● 个体领导者的视角

而所有的这些组织内部的工作都是由企业中的人来完成的,于是在这个过程中就涉及了大大小小的企业领导者对组织的贡献。因此,第三个视角就是个体的视角。

本书从个体的视角解析了领导者在整个商业社会的发展和变化中所扮演的角色。首先解析了领导者的概念:领导者到底是天生的,还是可以后天培养的;领导者都有什么特质。接着,解析了领导者权力和影响力的来源,领导者怎样行使权力,怎样有效地发挥影响力,怎样领导团队和组织前进。

第9章虽然涉及团队,但这一章还是侧重从类似"组织细胞"的角度来研究团队,所以我也把它放到了本书的第三部分。

总体上来说,我希望通过导语和导语之后9章的内容,让每个读者都能理解个体或团队在组织中的作用,同时也能够理解组织在商业社会的发展变化过程中的作用。个体或团队正是通过使所在的组织获得良好的绩效,从而推动了产业的进步和经济的发展。

这是从环境和战略的视角、从组织的视角、从个体领导者的视角，来解析商业社会基本逻辑的一个最重要的出发点。

当然，商业社会很复杂，我们这本书的每个主题都是一门值得深入研究的课程，都是需要好多本书来进行阐述的。如果大家有兴趣，欢迎大家进一步地学习和阅读，和业内的管理者、领导者、专家、学者进行沟通和交流，在实践中进一步思考钻研。

十分感谢读者朋友，希望大家能获得一次愉快的阅读体验，也希望这本书能给大家带来一些收获。

朱恒源

2020 年 8 月 13 日

图书在版编目（CIP）数据

管理的常识：商业生态系统运行的底层逻辑 / 朱恒源著. —杭州：浙江大学出版社，2021.3
ISBN 978-7-308-21025-6

Ⅰ.①管… Ⅱ.①朱… Ⅲ.①商业管理—研究 Ⅳ.①F712

中国版本图书馆 CIP 数据核字（2021）第 001902 号

管理的常识：商业生态系统运行的底层逻辑

朱恒源　著

责任编辑	顾　翔
责任校对	陈丽霞
封面设计	VIOLET
出版发行	浙江大学出版社
	（杭州市天目山路148号　邮政编码310007）
	（网址：http://www.zjupress.com）
排　　版	杭州中大图文设计有限公司
印　　刷	杭州钱江彩色印务有限公司
开　　本	880mm×1230mm　1/32
印　　张	9.75
字　　数	184千
版 印 次	2021年3月第1版　2021年3月第1次印刷
书　　号	ISBN 978-7-308-21025-6
定　　价	62.00元

版权所有　翻印必究　　印装差错　负责调换

浙江大学出版社市场运营中心联系方式：0571-88925591；http://zjdxcbs.tmall.com